TRI REPORT CY2016

日本経済復活の条件

金融大動乱時代を勝ち抜く極意

植草一秀

ビジネス社

まえがき

第二次安倍政権が発足して3年の時間が流れた。3年という時間は、世の中の風景を完全に差し替えてしまう威力を持つ時間である。

2006年春に、当時の前原誠司民主党が壊滅の危機に直面した。ところが、それから3年たった2009年に鳩山由紀夫政権が誕生した。そして3年が経ち、今度は、安倍晋三政権が生まれた。さらに新しい3年が過ぎ、とてつもない大きな変化が生じていることがわかる。

株価が上昇したことは悪いことではないだろう。8600円だった株価が2万800円まで上昇した。最大の背景は企業収益の大幅な増加だ。本書は、金融市場の動向を的確に洞察するために著しているものであるから、多くの投資家が株価上昇を歓迎することはよくわかる。

しかし、日本経済全体の推移を見ると、株価上昇とはまったくかけ離れた姿が浮かび上がる。毎四半期のGDP成長率は、2013年第1四半期から2015年第3四半期までの11四半期のうち、4四半期がマイナス成長である。2013年の10‐12月期以降の2年間では、そのうち4四半期がマイナスで、プラス成長になったのは4四半期だけだ。2015年7‐9月期はプラス成長に数値が改定されたが、日本経済超低迷の現実は隠しようがない。

政治面では、特定秘密保護法や集団的自衛権の行使を容認する法律が制定され、原発再稼働も強行された。「断固反対」だったはずのTPPが大筋合意に誘導され、既定路線化されている。3年前には想像のつかなかった悪しき現実が日本を染め抜いている。

世界経済は2009年の金融大危機から抜け出して、6年間にわたる世界的な株価大暴騰が観測されてきた。100年に一度の金融津波とまで言われたあの混乱は、いまや確認することが難しい状況に変化した。しかし、好事魔多しである。

2015年8月に中国人民銀行が人民元の切下げ措置を実施したことを契機に、グローバルな株価急落が連鎖した。年末の書店には中国崩壊論、金融危機再来論が所狭しと積み上げられている。チャイナショック直前の6、7月には、ギリシャ危機が衆目を集めた。

そして、この12月、FRBのジャネット・イエレン議長は、いよいよ就任前からの最大の焦点である米利上げに着手する可能性が高い。サブプライム金融危機の大騒乱は退出したが、金融市場の安泰が持続することはないのである。

日本人ジャーナリストが人質にされ、無残な映像が配信されたのは、わずか1年前のことだ。

その後もイスラム国（ＩＳ）の活動は終息しない。ロシアの民間機が撃墜され、フランスパリでは大規模な同時テロが勃発した。中東における戦乱の拡大が見込まれている。

本シリーズは会員制のＴＲＩレポート『金利・為替・株価特報』の年次版として２０１３年から刊行を始めたもので、本書はその第四弾になる。金融市場の最前線で投資ビジネス、投資行動を行う人は、投資環境分析として、世界の政治経済社会情勢の変化をすべて把握することを求められる。そのすべてにおいて、正確、かつ迅速に事実と真実を把握した者だけが、金融投資の勝利者になれる。本書は、そのための一助になることを目的に書き下ろしたものである。

他方、経済の変化は人々の生活を直撃する。株価が上昇して喜ぶ人が存在する裏側に、所得が減少し、増税が強制されて苦しむ人々がいる。経済政策、そして、政治活動は、強者のためだけに存在するものではない。本来、政治は力の弱い人のために存在するものだ。この視点を欠く経済論は最終的に自己崩壊の道を転げ落ちることになる。その根拠を本書に示した。

本書が、日本経済を復活に導く指針になると同時に、読者が２０１６年の世界経済金融情勢を的確に読み抜く有用な道しるべになるなら、著者としてこれに勝る喜びはない。

２０１５年12月

植草一秀

日本経済復活の条件　目次

第2章　２０１５年波乱相場の総括

第3章　地政学と為替市場の地殻変動

第4章　イエレン議長の苦悩

第5章　チャイナ・ショックの正体

第7章　2016年の投資戦略

第1章

天気晴朗なれども波高し

第1節　激動の世界経済・金融・国際政治

人民元切り下げと世界同時株安

2015年前半の日本株価上昇は、消費税再増税先送り決定と、原油価格暴落に支えられたものだった。日本経済は消費税増税で2014年に景気後退に陥ったが、二つの環境変化、すなわち消費税再増税の先送り決定と原油価格下落という事態によって、緩やかな底入れを実現した。このなかで、日経平均株価が6月24日に2万868円まで上昇し、2000年4月12日の2万833円を突破した。

次の株価の節目は1996年6月26日の2万2666円である。日経平均株価は約18年半ぶりの高値をつけた。2015年の株価変動については第2章で詳述するが、4月以降は乱高下が繰り返される神経質な相場推移をたどった。

4月から5月にかけて、日本の株式市場でも変調が生じた。会員制レポート『金利・為替・株価特報』は4月下旬から5月初旬にかけて、一時的に警戒シグナルを発した。原油価格が反転上昇し、金利低下＝株高の流れが転換する徴候が示されたからである。しかし、『金利・為替・株価特報』は、警戒見通しを2週間で取り下げて、「株価強含み」の見通しを提示した。米国経済指標の弱さが表面化するとともに、原油価格の再反落が確認されたからである。

しかし、6月以降に新たな問題が浮上した。ギリシャの政府債務危機が再び表面化したのである。ＥＵ、ＩＭＦ、ＥＣＢによるギリシャ政府への金融支援策が再開されなければギリシャ政府が債務不履行、デフォルトに陥る危険が表面化した。

最終的に対ギリシャ金融支援策は継続されることになったが、着地に至るまで、情勢は二転三転した。着地した後も、ギリシャ総選挙が実施され、不安定な情勢は長期化したのである。

株式市場では「ジェットコースター相場」が示現した。こうした紆余曲折はあったが、日経平均株価は8月10日に2万808円の水準にまで回復した。6月24日の高値まであと60円の水準に迫ったのである。

ところが、このタイミングで翌8月11日、中国人民銀行が中国人民元を切り下げる措置を実行し、世界の金融市場が大きく揺れ動くことになった。直ちに反応したのは日本の株式市場だった。日本の株価上昇は、いわゆる「爆買い」銘柄＝インバウンド関連銘柄が牽引していた。中国人旅行者による日本国内での消費増大が株価上昇を誘導していたのである。

人民元切り下げは「爆買い」の原動力を低減させるものである。日本の株価下落がもっとも早く、かつ、大幅なものになった。

しかし、グローバルな市場での8月11日の週における反応は限定的だった。情勢が急変したのは、お盆休み明けの8月16日の週だった。世界同時株価急落が発生したのである。

人民元切り下げを契機に日本株価は2割弱急落した。東京市場だけではなく、ニューヨーク、ロンドン、フランクフルトにおいても株価急落が連鎖した。その後、金融市場関係者は、中国経済崩壊論を盛んに論じるようになった。中国経済が崩落し、中国金融市場が危機に突入する。この見解が一世を風靡し始めたのである。

中国はいまや押しも押されぬ世界第2位の経済大国である。そして、BRICsの言葉が示すように、世界経済の成長を支える新興国の中心に位置する国である。この中国に異変が発生し、経済が崩落、金融市場が危機に突入するなら、世界経済、世界金融市場への深刻な影響を免れることはできない。新興国から資本流出の懸念は1997年のアジア金融危機再来を彷彿させる。中国崩壊論が2015年秋以降、金融市場予測の中心テーマに躍り出たのである。

中国経済の動向とアメリカの金融政策

本書は2016年の内外経済と金融市場を洞察するためのテキストである。2016年を展望するにあたり、まず目を向けなければならない、第一の焦点は、言うまでもなく中国の動向だ。日本の経済論壇、政治論壇においては、近年、反中、嫌中、あるいは反韓、嫌韓が、ひとつのブームになってきた。日本が友好関係を築かねばならぬ最重要の隣国が中国と韓国であり、日本の論壇における嫌中、嫌韓ブーム出現は悲しむべき事態である。

しかし、予測に希望を介在させることは誤りだ。中国経済崩壊論を冷静に吟味して、2016年の深層、真相を見定めなければならない。

中国経済とともに、最大の関心を注がねばならない第二の焦点は米国の動向だ。バーナンキ前FRB議長が初めて量的金融緩和縮小に言及したのは2013年5月のことだ。このバーナンキ・ショックから2年半の時間が経過した。いよいよ、後任のジャネット・イエレン議長が、2015年12月のFOMCで利上げに踏み切る最終判断を固めつつある。

12月4日の雇用統計が最後のハードルになったが、これをクリアした。利上げ始動後の米国金融市場を読み解かなければならない。この2年半の間、米国利上げ観測は、引いては上げ、上げては引く潮の満ち干のように、一進一退を繰り返してきた。失業率は十分に低いが、賃金上昇圧力は弱く、インフレ率も目標値を大きく下回り続けてきた。米国経済と政策対応を読み切ることが極めて難しくなっている。しかし、これを読み切らなければ、全体の金融市場変動の図式を描くことができない。

消費税再増税と政局のゆくえ

第三の焦点は、消費税再増税のゆくえである。2014年の年次版TRIレポート＝『日本経済撃墜』にSFCという言葉を用いた。消費税増税＝セールスタックスのS、米国金融引締め＝FRBのF、中国経済動向＝チャイナのC、の頭文字であるSFCの三つの問題の重要性を指摘した。このSFCの三問題が、2016年においても、引き続き金融市場変動を読み解く最重要事項であり続ける。

2014年12月14日の総選挙に向けて、安倍晋三政権は消費税再増税を先送りした。当初の計画では2015年12月に消費税率を8％から10％へと再引き上げるとされていた。安倍政権はこの方針を転換して、増税時期を2017年4月に先送りした。この先送り案を実現するには、2016年年末までに最終決定を行う必要がある。

このタイムスケジュールを踏まえるときに留意しなければならないことは、2016年7月ころに参議院選挙が実施されることだ。投開票日は7月10日になる可能性が高いが、この選挙の争点として消費税再増税問題が浮上する可能性がある。すでに丸3年の時間を乗り越えた第二次安倍政権だが、安倍首相はさらに長期の政権維持を目指している可能性がある。政権を延命するには選挙に勝たねばならない。この意味で、2016年の参院選は重要である。

安倍政権に対峙する勢力は、消費税再増税の中止を求めると考えられる。消費税再増税中止を求める世論が高まる場合、安倍首相は再び判断を迫られる。リーマンショックのような危機が発生しなければ、増税は予定どおり実施との見解が示されているが、選挙の風向きが変われば、そんな方針は吹き飛ぶ。2014年の増税延期による「成功体験」があるだけに、事態は流動的である。

第6章で詳論するが、経済変動を読むには政策運営を読む必要があり、政策運営を読むには政治情勢を分析することが必要不可欠になる。政治と経済は不可分に結びついている。政治を読み、政策を読むことが極めて重要だ。

第四の焦点は、日本政治の洞察である。安倍晋三氏は集団的自衛権行使を容認し、2015年9月に戦争法制と呼ばれる安保法制を強行制定した。さらに、参院の与党議席を増大させて、憲法改定を実施する野望を抱いている。今後の政局変動は、経済政策運営にとどまらず、日本政治全体の地殻変動をもたらす恐れを内包している。十分な考察が求められている。

安倍政権は、衆参両院での与党過半数議席という数の力を盾に独裁的な政治運営を実行している。特定秘密保護法を制定、集団的自衛権行使容認を閣議決定、安保法制の制定、原発の再稼働などを強行してきた。

さらに、２０１２年12月総選挙で、「ウソつかない。ＴＰＰ断固反対。ブレない。日本を耕す‼　自民党」と大書きしたポスターを貼り巡らしながら安倍政権は、３カ月後の２０１３年３月にＴＰＰ交渉への参加を決定。そして、米国の命を受けてＴＰＰ交渉大筋合意の推進エンジンに成り果てた。ＴＰＰとは誰のために、そして、何を目指すものであるのかを明らかにしておかねばならない。

また、沖縄においては、沖縄県民が総意として反対意思を表明している名護市辺野古海岸における米軍基地建設を強行している。

安倍政権が掲げる「成長戦略」とは、資本の利益を「成長」させるものである。これは、労働者の利益を「縮小」させるものであり、その経済的含意を考察しなければならない。そのうえで、その是非を判断する必要がある。

こうした政策運営、政治運営に対して、当然のことながら、賛否両論が存在する。政治過程の考察は、こうした政策運営がいつまで続くのか、さらに、変化があるとすれば、いつ、どのように変化するのかを洞察するためのものである。経済金融情勢を洞察するために、この検討を避けて通ることはできない。

ヨーロッパ、中東の地政学リスク

第五の焦点として、中国、米国以外の海外情勢を挙げる。具体的に三つの論点を提示しておく。第一は欧州情勢。ギリシャは2015年夏の対ギリシャ金融支援継続をめぐる危機において、EU、ECBおよびIMFからの金融支援継続を勝ち取った。しかしながら、この金融支援策においては、ギリシャ政府の債務減免措置が含まれていない。ギリシャ政府債務問題の最終的な解決を図るには、ギリシャ政府債務の減免措置が必要不可欠である。

過去に発生した政府債務危機問題においては、最終的に問題を解決するために、債務減免措置が取られてきた。政府債務危機問題を解決するための国際常識は、「借りた金は返す」ではなく、「借りた金を全額は返さない」である。「借り手責任」だけを杓子定規に適用しても、真の問題解決は得られない。「貸し手責任」をも念頭に入れて、債務減免に踏み切ることによって、初めて問題は解決する。ギリシャ政府債務問題の最終着地を考察しなければならない。

第二は欧州を含む地政学リスクの拡大だ。中東地域におけるイスラム国＝ISの活動拡大が焦点になってきた。中東情勢は複雑である。米ロ間のいわゆる東西の対立、イスラム教シーア派とスンニ派の対立、イスラム主義と王族支配の対立、イスラエルとアラブの対立、などが複雑に絡み合う。そして、紛争の根底には、常に巨大な石油利権が絡む。

ISの拡大を背景に、米英仏などの西側陣営による戦闘行為激化が進展している。ロシアはシリアのアサド政権には宥和的な姿勢を示すが、エジプトにおけるロシア機墜落がISによるテロであった可能性が高まり、ISへの敵対姿勢を鮮明にしつつある。

フランスでISによるテロが実行され、フランスの対IS戦闘行為が拡大する可能性も高まっている。他方、ウクライナにおけるロシアとEUの対立は持続している。2016年の焦点として、地政学リスクを十分に考察することが求められる。

ISを資金的に支えているのはいったい誰なのか。「テロとの戦い」が大規模戦争の大義名分に使われている可能性はないのか。あらゆる視点から問題を多角的に分析することが必要だ。これらの動きと安倍政権の集団的自衛権行使容認が水面下で繋がっている可能性も、当然考慮しなければならない。

第三は、2016年に米国大統領選が実施されることだ。民主党のオバマ政権の2期8年のあとに、再び民主党ヒラリー・クリントン政権が誕生するのか。それとも、混戦をくぐり抜けて共和党候補者が大統領選を制することになるのか。

大統領の交代は、外交政策の変化を通じて、世界の地政学リスクを大きく左右するだけでなく、TPPなどを含む経済政策、金融政策運営にも大きな影響を与える。大統領選の焦点を探り、選挙の着地とその影響を考察しなければならない。

中国経済崩壊論、ＦＲＢの金融政策、日本の消費税再増税問題、安倍政治のゆくえ、そして欧州、中東、米国の政治経済情勢。本書を通じて、これらの重要焦点を精密に分析、考察してゆこう。

第２節　復元力を試す金融市場

中国経済崩壊のリスク

２０１５年８月から９月にかけて、内外の株式市場は大きな変動にさらされた。日経平均株価は８月10日終値の２万８０８円から９月29日の１万６９３０円まで３８７８円、18・６％下落した。

ニューヨークダウは８月10日終値の１万７６１５ドルから８月25日終値の１万５６６６ドルへと１９４９ドル、11・１％下落した。株価下落は欧州にも波及し、ドイツＤＡＸ指数は８月

NYダウ

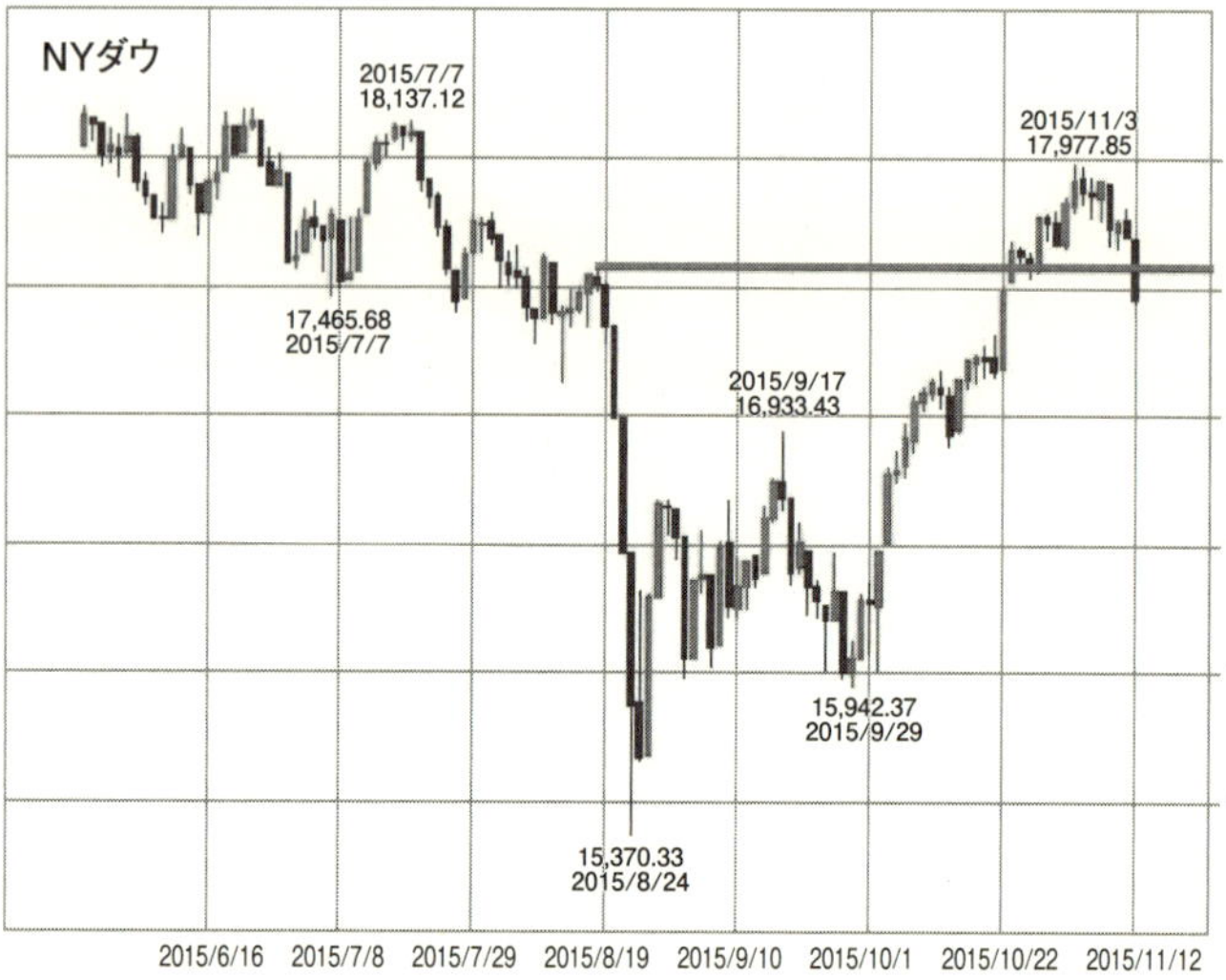

10日終値1万1604ポイントから8月24日終値9648ポイントへと1956ポイント、16・9%下落した。文字どおり世界同時株安が広がった。

震源地は中国だった。上海総合指数は8月18日の高値4006ポイントから8月26日の安値2850ポイントへと1156ポイント、28・9%急落した。この上海総合指数は、6月12日に5178ポイントの高値を記録している。

この高値を基準とすると、8月26日までの約2カ月の間に2328ポイント、45・0%の暴落を演じたのである。この点について、日本の麻生太郎財務相は、『中国バブル』については、何年も前から言われており、ついに来たかという感じでみんな驚くことはなか

日経平均株価

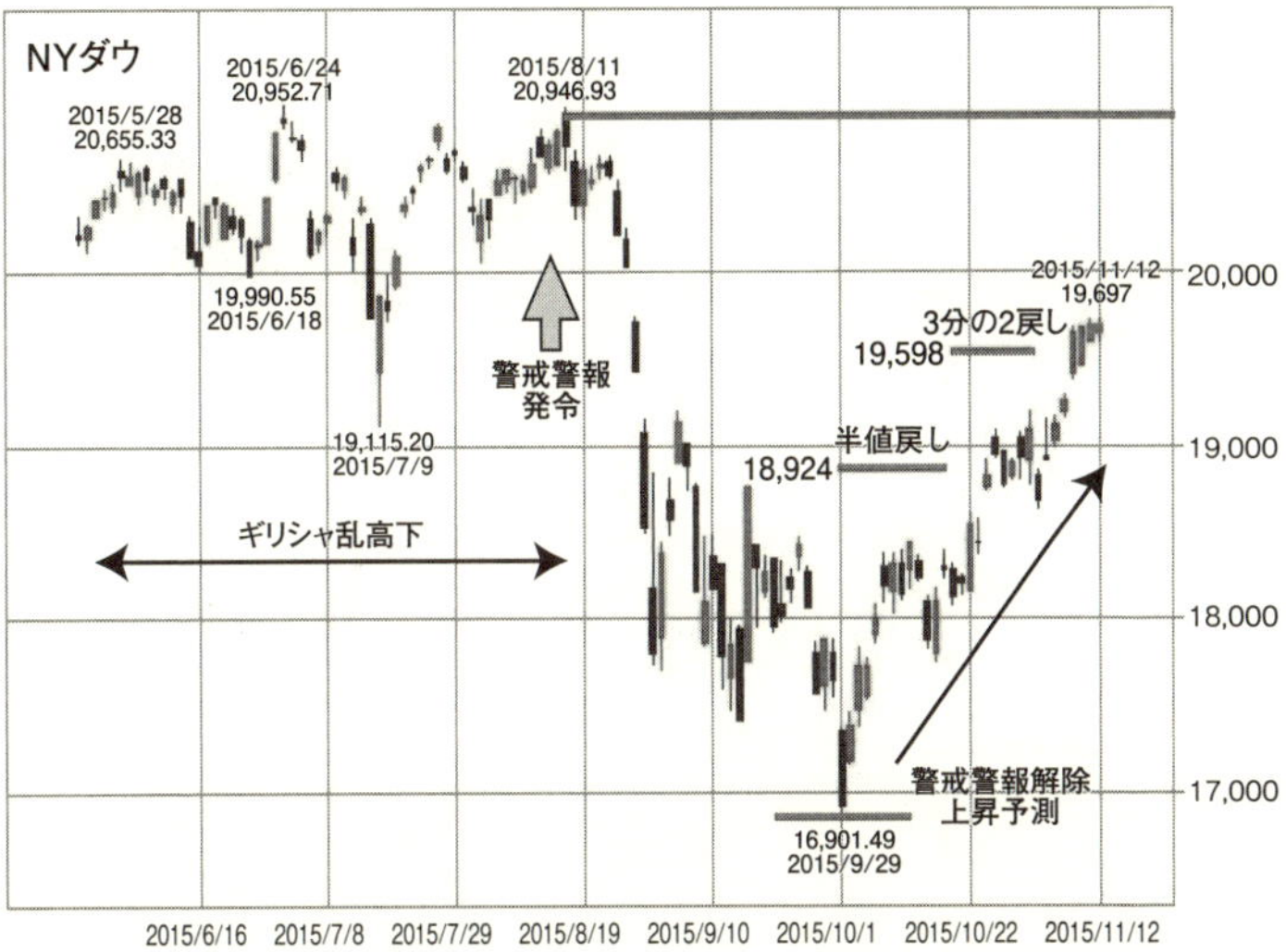

DAX指数

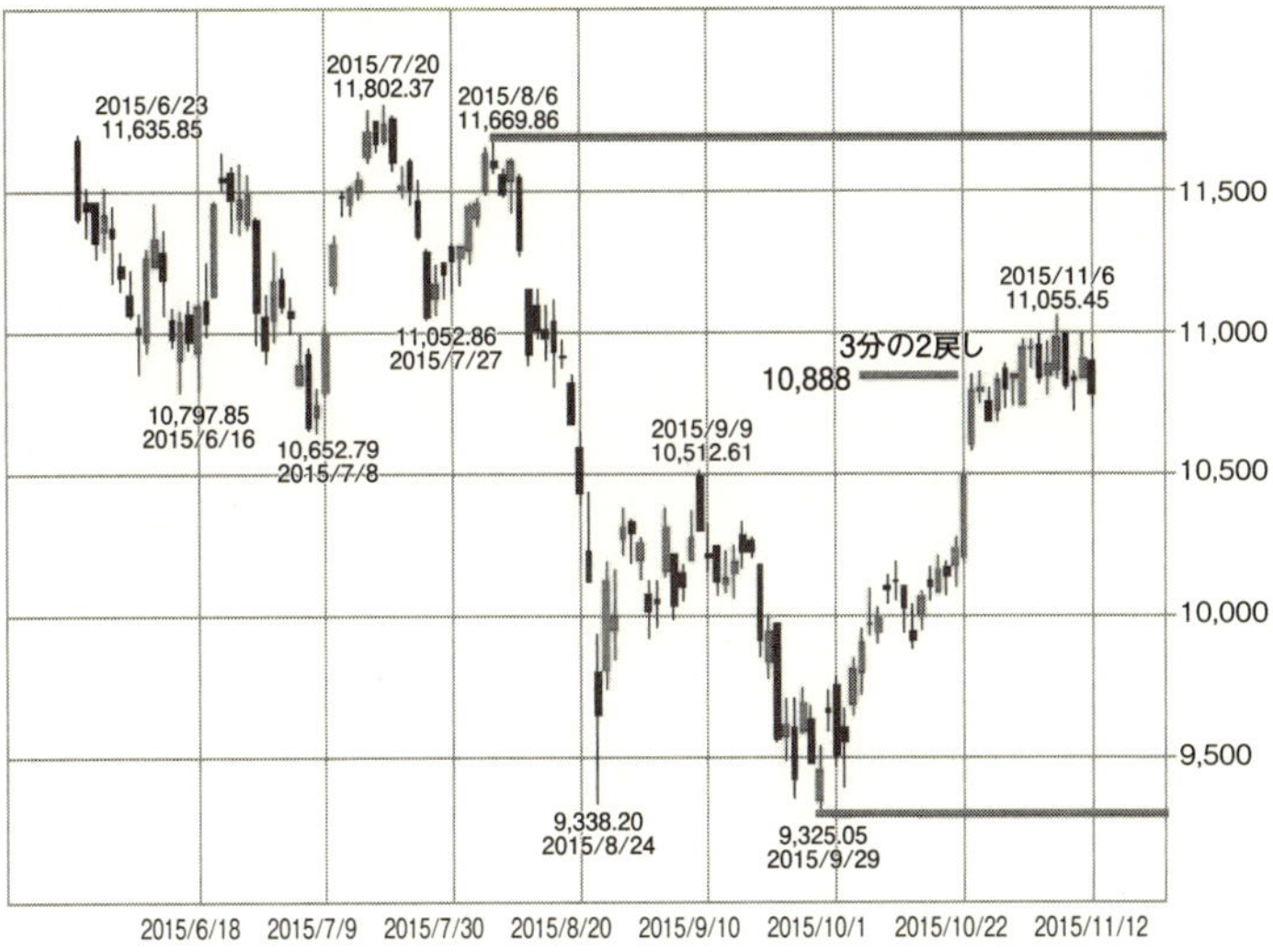

ドル／円レート

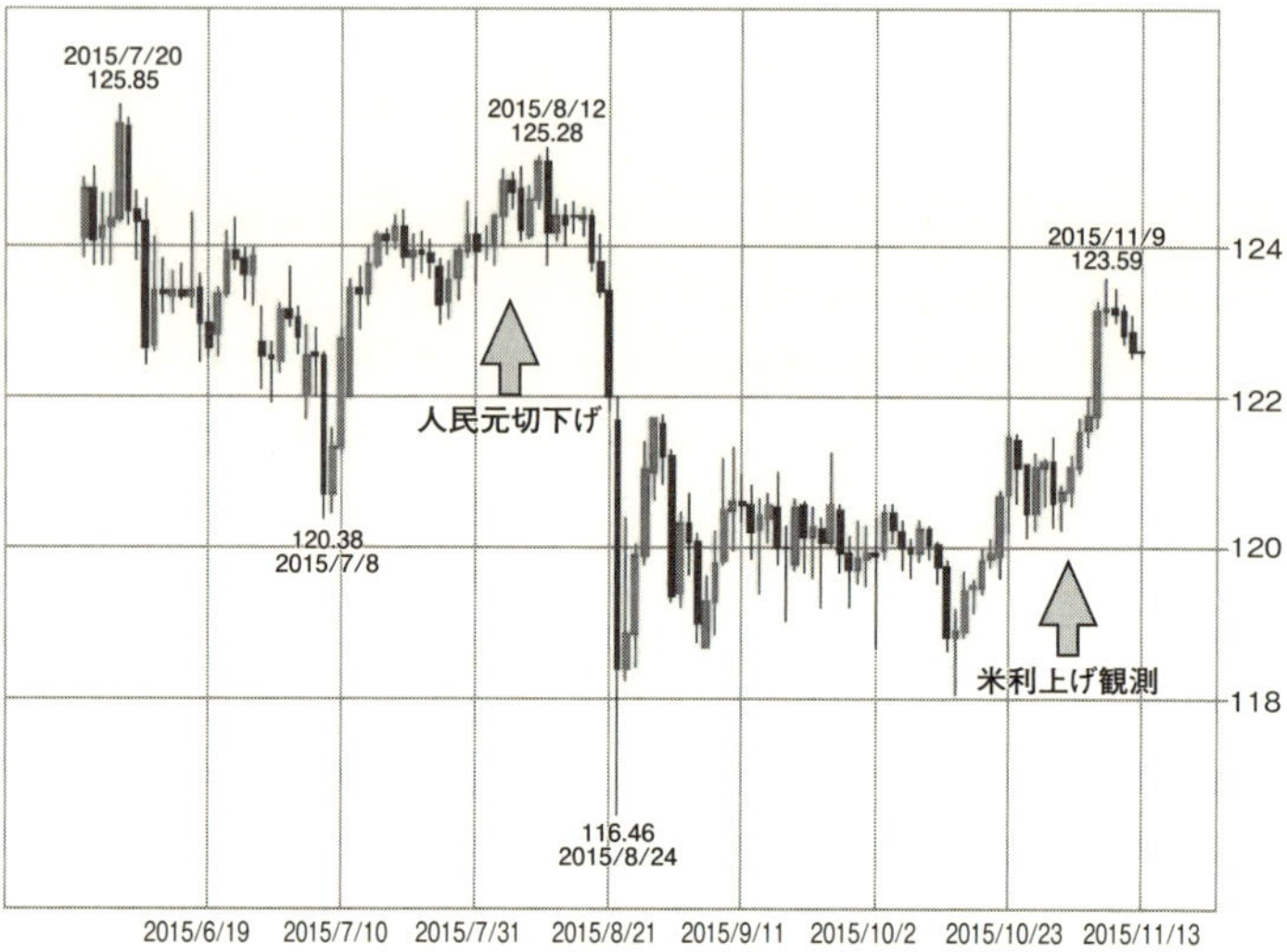

上海総合指数チャート

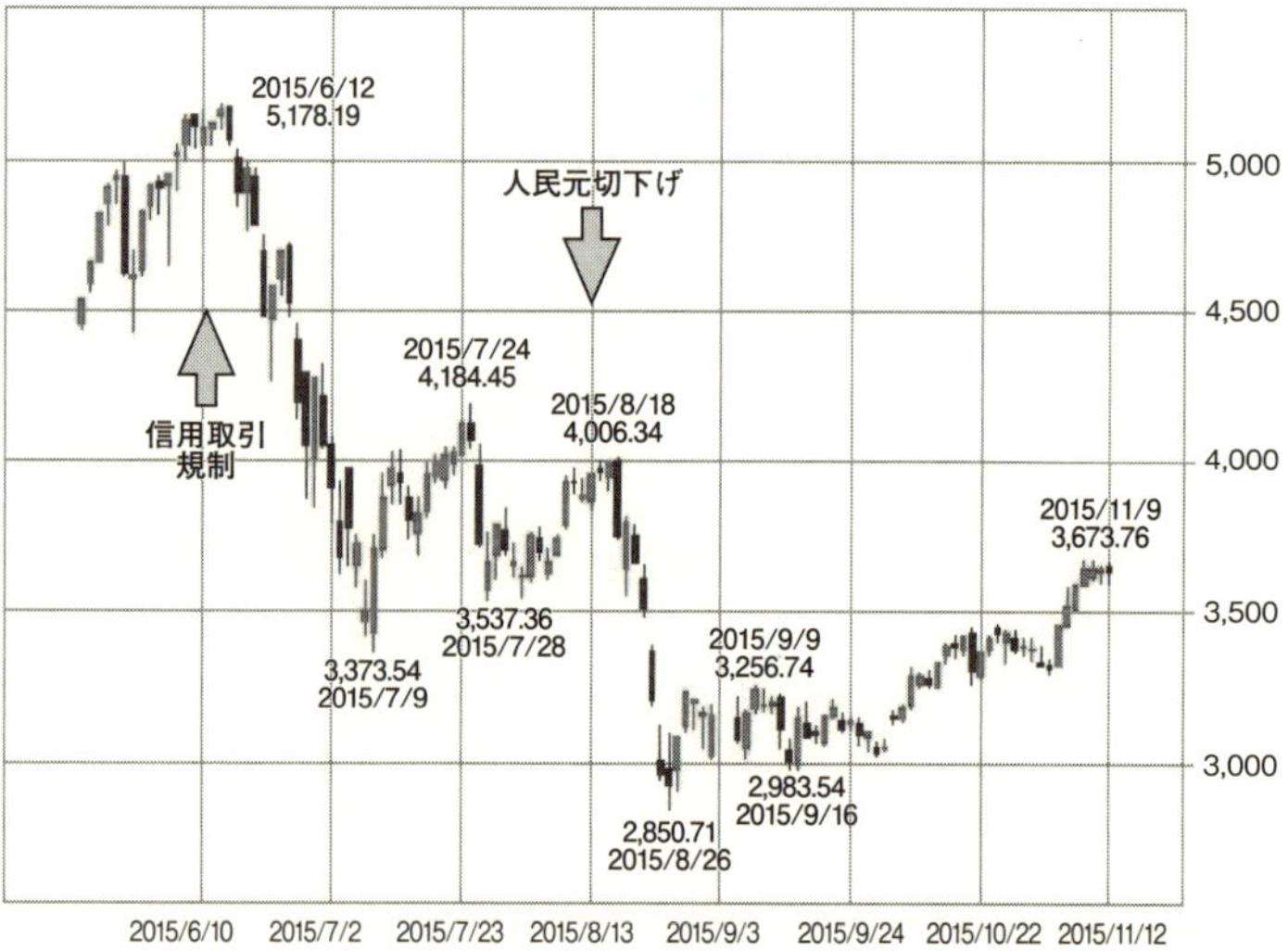

った と思う」と述べた。

しかし、この発言は、麻生財務相が中国経済金融動向について初歩的な事実確認も行っていないことを明らかにしてしまった。中国株価のバブルは、「何年も前」には影も形も存在していない。中国上海総合指数は２００９年８月から２０１４年７月まで、丸5年間もの長期にわたり下落を続けた。その株価が２０１４年７月から２０１５年６月にかけて大暴騰したのである。２０００ポイントの株価は、１年後に５１７８ポイントに達した。１年で２・６倍に株価が跳ね上がる大暴騰を演じた。

中国政策当局は当初、市場に対して不介入の姿勢を取った。結果論ではあるが、もう少し早い段階で株価上昇抑制策を打ち出すべきであったと言える。中国政策当局が株価上昇抑制に動いたのは２０１５年6月だった。信用規制強化に踏み切り、これが契機となり、株価が反転下落した。株価はいわば真空地帯とも言える高値ゾーンを急落した。そして、株価下落に対する警戒感が残存するなかで、8月11日、中国人民銀行が人民元切り下げ措置を実施した。

人民元切り下げ措置は「キャピタルフライト」＝「資本逃避」の懸念を生み、中国株価下落が加速し、世界市場に波及した。第5章で詳述するが、資本逃避＝株価急落＝キャピタルフライトに対する不安心理が膨張して金融波乱が「伝染」したのである。

上海総合指数10年チャート

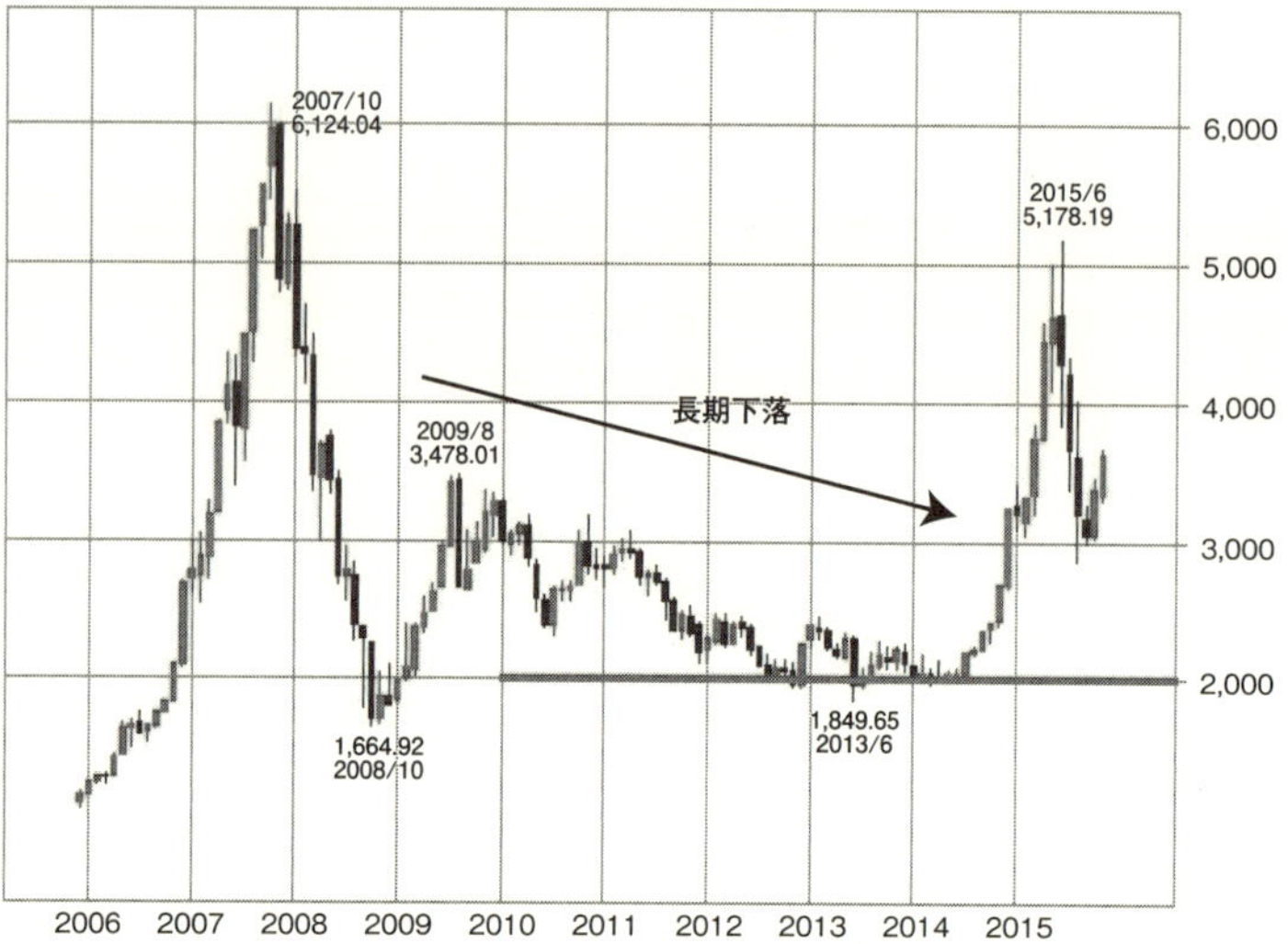

上海総合指数2年チャート

中国株価の推移を注視していれば、麻生財務相のような事実誤認発言は生まれないが、事実に基づかない流言飛語が飛び交い、不安心理が煽り立てられた。

不安心理を強める一因になったのは、中国経済指標の悪化である。現在、中国首相の地位にある李克強が、かつて遼寧省の高官を務めていた時代に、中国の経済動向を正確に知るためには、電力消費量、鉄道輸送量、銀行融資量の三者を見ることが重要だと発言したことをウィキリークスが暴露したことがある。このことから、この三つの指標が李克強指数として知られるようになった。その三つの指標から推計されるGDP成長率が、中国政府が発表する7％程度の成長率よりも大幅に低いとの指摘が強調されるようになった。

2015年の半ばの中国株価急落局面で、付和雷同的な危機を煽る言説と、実際の経済指標の悪化があいまって、中国経済崩壊説、中国金融危機説が一世を風靡する状況が生まれた。『金利・為替・株価特報』は金融市場における多数派見解である中国経済崩壊論＝金融危機説と一定の距離を保ち続けた。中国経済が減速しているのは事実である。また、設備投資の比重が高すぎるGDPの構成に持続可能性がないことも事実である。中国政府自身も、投資主導の経済成長を個人消費主導に転換することが必要だとしている。その移行期には経済低迷が長期化することも不可避であることを認めている。この意味で、中国経済が5年程度の期間、低成長を迫られる可能性は高い。

しかし、巷間流布されているような中国経済崩壊、あるいは中国金融危機が現実化するのかどうかについては、慎重な見極めが必要であると判断する。

金融市場の多数説は、中国経済崩壊を軸に、世界経済の下方リスク、株価暴落リスクを前面に押し立てているが、筆者は逆に、こうした国々の緩やかな底入れ、新興国の底入れ、世界経済の浮上の可能性を無視し切れないことを重視する。

中国リスクに対して、十分な警戒を払いはするが、中国経済崩壊を大前提に置く市場展望だけに依存することのリスクを重視するのである。

14億人近い人口を擁する中国という巨大国家を、共産党が一党独裁で支配している。政治的自由を求める民衆の要望は拡大し、暴発寸前の状況にある点は否めない。習近平は民衆の不満を鎮めるため、共産党幹部に対する汚職摘発に力を注いでいる。

中国の経済成長率が高ければ、貧富の格差が拡大しても、低所得者の所得絶対水準は上昇する。この条件が満たされている限り、民衆の不満が爆発する可能性は抑制されると言われる。しかし、経済成長率が大幅に低下する場合には、貧富の格差拡大と低所得者層の所得減少が同時に発生して、民衆の不満が爆発する恐れが高まる。この意味で、中国経済停滞期における中国政治リスクは著しく高くなると言わざるを得ない。

中国の政治情勢の不安定化が各種テロの頻発をもたらすリスクも否定できず、中国経済の混乱拡大リスクは十分に念頭に入れておく必要がある。

しかし、シナリオをこれひとつに決め打ちしてしまうことは避けるべきだ。リスクを念頭に入れることは必要不可欠だが、これ以外の現実推移の可能性があることを無視するべきでない。中国株式市場が大幅調整後に底入れして、中国経済が低迷を続けながらも底入れするというシナリオを全面的に排除してしまうことに、大きなリスクがあることを踏まえるべきなのだ。

チャイナ・ショック後の世界経済復元力

日経平均株価は2万8000円から1万6900円の水準へと、約4000円下落した。中国経済崩壊論は、この日経平均株価がさらに水準を切り下げ、1万4000円台、1万2000円台、さらに1万円割れへと移行していくことを示唆するものである。

日経平均株価の長期のチャートを見てみよう。日経平均株価は1989年12月に3万8915円の高値をつけた。この89年末から26年の時間が経過しようとしている。最安値は2009年3月に記録した。この26年間の大底は、2009年3月から2012年11月までの3年半であった。その大底を抜ける契機になったのが2012年11月。そこから3年の時間が経過した。

日経平均株価とバブル崩壊後の経済浮上チャンス

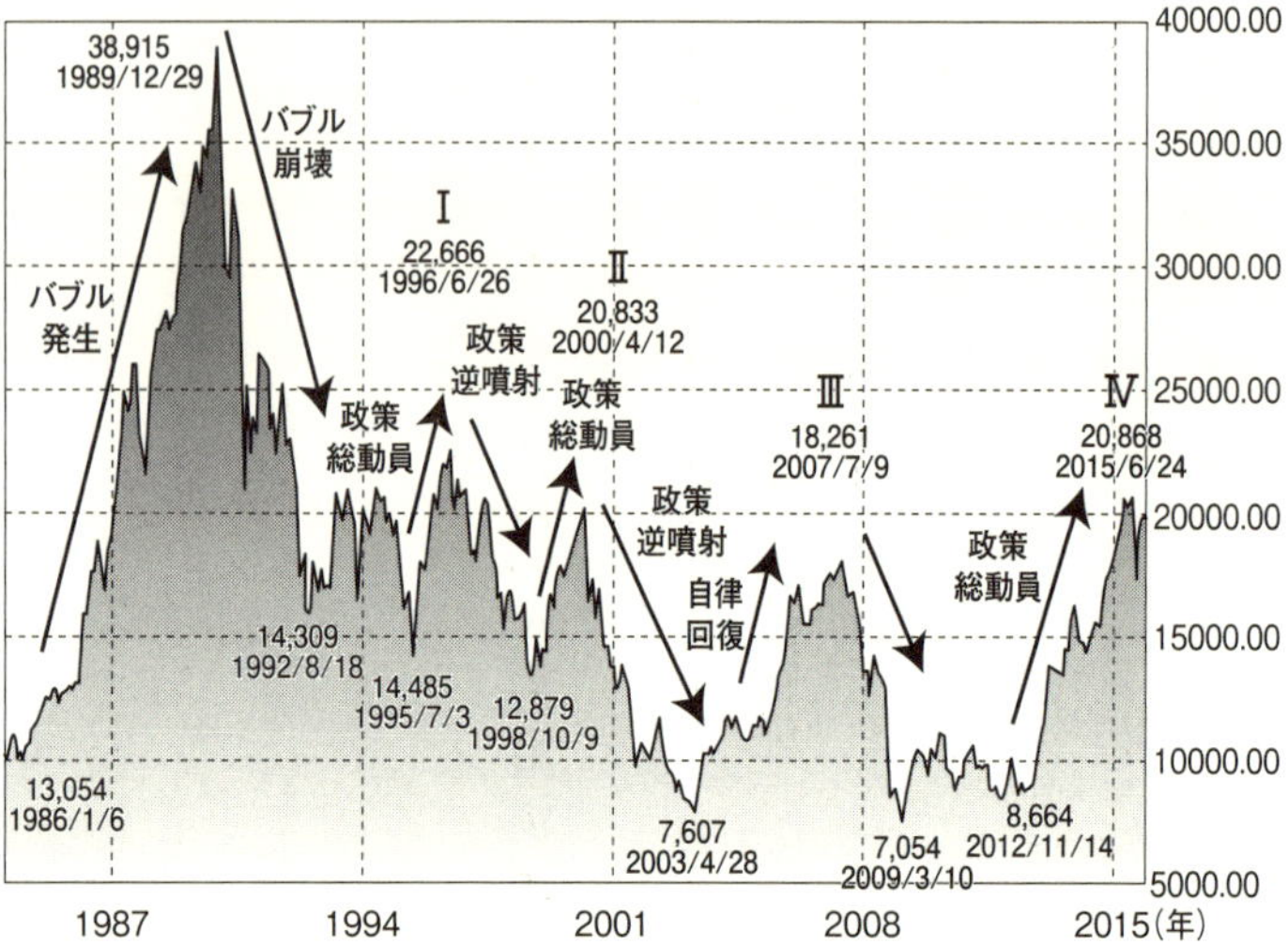

日経平均株価は2万8000円の水準まで回帰したが、2015年6月から9月にかけて約2割の下落を示した。この下落をトレンド転換点の端緒と見るか、一時的調整と見るのか。重要な判断の分かれ目だ。

1989年末の株価ピーク以後に、株価崩落の局面が4回ある。①89年末の3万8915円から1992年8月の1万4309円への暴落、②96年6月の2万2666円から98年10月の1万2879円への暴落、③2000年4月の2万833円から2003年4月の7607円への暴落、そして、④2007年7月の1万8261円から2009年3月の7054円への暴落である。

第一の暴落がバブル崩壊である。第二の暴落は橋本龍太郎政権による消費税増税決定と、その実行に伴う暴落である。第三の暴落は小渕政権の経済政策で日本経済が浮上した後、森政権と小泉政権が第二次政策逆噴射を実行し、これに伴い、日本経済が大不況と金融恐慌の危機に突入した局面である。第四の暴落は、2007年7月以降の米国発サブプライム金融危機に伴う暴落である。

2015年6月24日の2万868円から、2015年9月29日の1万6930円への約4000円、2割弱の株価下落が、第五の株価暴落の入口であるのか。それとも2割調整という一時調整にとどまるのか。この見極めが必要である。中国経済が崩落せず、緩やかな底入れに転じる場合、2015年株価急落が一時的調整にとどまる可能性がある。中国株価＝上海総合指数は3000ポイント割れから、底固い推移に転じることになる。

すでにニューヨークダウは、2015年10月23日の段階で、8月11日のチャイナ・ショック発生直前の水準を回復した。これまでの推移を見る限り、ニューヨークダウの下落は一時的調整にとどまっている。中国経済が崩落せず、低迷、減速にとどまる場合、日経平均株価が反発し、再び2万円の大台を回復する可能性がある。内外金融市場は8月以降のチャイナ・ショック後の復元力を試す局面に移行している。

原油をはじめとする資源価格は、2015年半ばにかけて大幅下落を示した。筆頭が原油価格だが、他の鉱物資源でも、類似した状況が観察されている。ドル表示金価格は、2015年

原油価格（$／バレル）

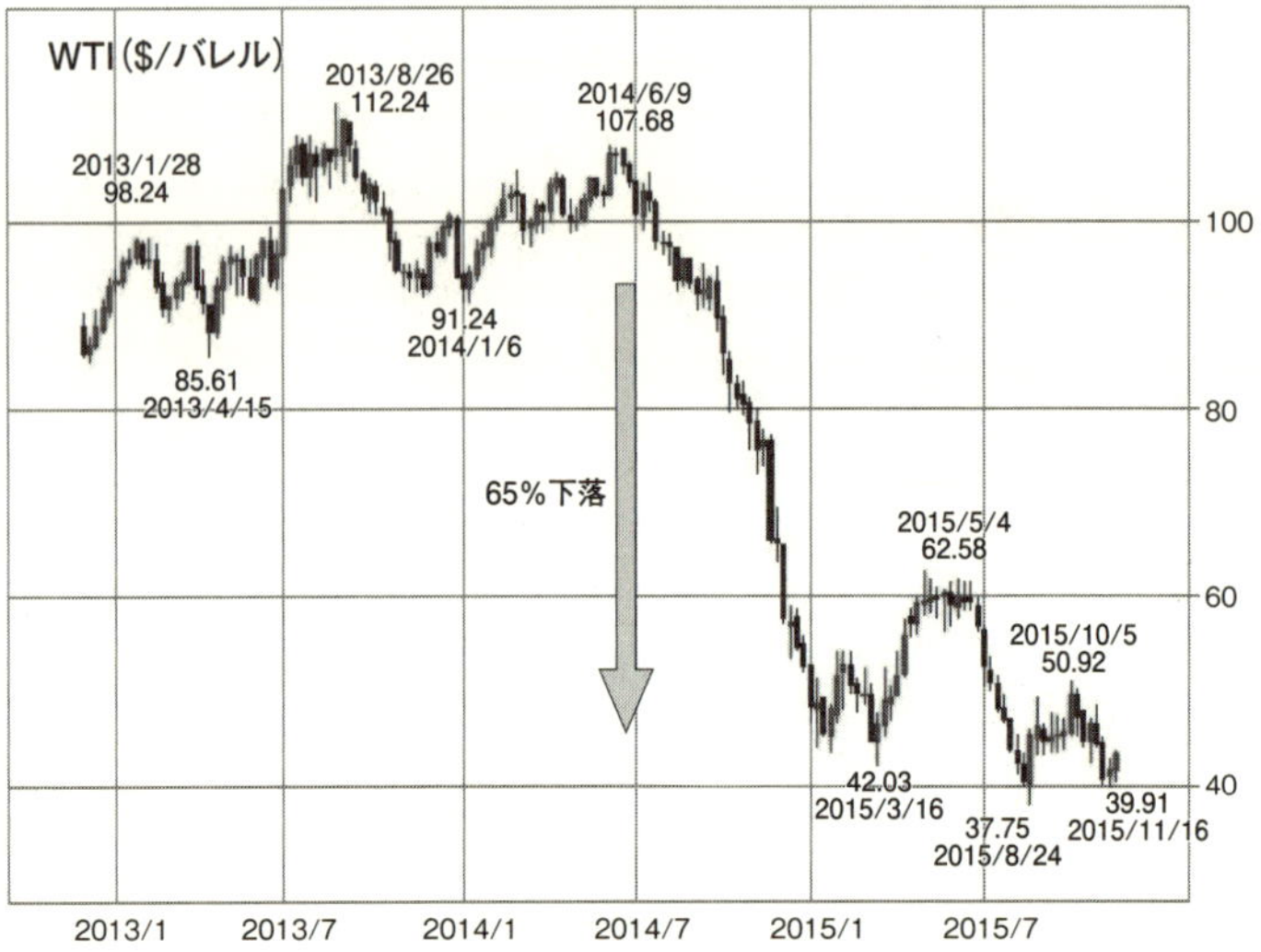
WTI ($/バレル)
2013/8/26
112.24
2014/6/9
107.68
2013/1/28
98.24
100
91.24
2014/1/6
85.61
2013/4/15
80
65%下落
2015/5/4
62.58
60
2015/10/5
50.92
42.03
2015/3/16
40
39.91
2015/11/16
37.75
2015/8/24
2013/1
2013/7
2014/1
2014/7
2015/1
2015/7

金価格

金価格 ($/トロイオンス)
1,700
1,600
1,500
2013/8/26
1,433.31
2013/3/17
1,391.76
2014/7/7
1,345.00
1,400
2015/1/19
1,306.20
1,300
2015/5/18
1,232.20
2015/10/12
1,190.63
1,241.30
2014/6/2
1,200
1,180.71
2013/6/24
1,185.00
2013/12/30
1,132.40
2014/11/3
1,143.50
2015/3/16
1,100
1,077.90
2015/7/20
1,046.2
2015/12/3
2013/1
2013/7
2014/1
2014/7
2015/1
2015/7

12月3日に1オンス＝1042・6ドルの水準に下落し、2011年9月以降の金価格暴落局面の中での最低値を更新した。経済活動との連動関係がより強い銅価格は、より明確な下落を示している。資源国通貨であるブラジルレアル、豪ドル、そして南アフリカランドなども似たような推移をたどってきたが、8月～9月の調整局面後、緩やかな反発を示している。WTI原油価格は、8月に1バレル＝40ドル割れの最安値を記録したのち、10月には一時1バレル＝50ドル台をつけたが、その後に再反落して40ドルを下回る弱含み推移を示している。

中国経済が崩落するのか、それともゆるやかな回復に転じるのか。連動して新興国の経済、通貨、さらに資源価格の方向が定まる可能性が高い。中国経済、金融市場の復元力が試される局面が到来している。

第3節　両側にある波乱の要素

原油価格暴落に救われた日本経済

２０１４年後半から２０１５年にかけて発生した最大の経済環境変化は、原油価格の暴落である。２０１４年６月に原油価格は１バレル＝１０７ドルの水準にあった。これが２０１５年1月に１バレル＝40ドル台前半にまで暴落した。半年で６割の大暴落だ。

これが安倍政権にとっての天佑になった。消費税増税で日本経済が大不況に陥った。このまま安倍政権が２０１５年10月の消費税再増税に突き進んでいれば、日本経済は「日本の奈落」に転落していたはずである。

ところが安倍政権は、２０１４年12月の総選挙実施を決め、この選挙に合わせて２０１５年10月の消費税増税先送りを決定した。これと時期を同じくして発生したのが原油価格の急落である。原油価格が半値に下落すると、日本の原油輸入代金は年間約7兆円節約される。つまり原油価格の半値水準への下落は、7兆円減税相当の効果を発揮するのだ。

安倍政権が消費税再増税延期を決定し、そのタイミングで7兆円減税の効果を発揮する原油価格下落が重なった。これが２０１５年前半の日本株価急上昇の主因になった。『金利・為替・株価特報』は、この原油価格下落ときわめて似た価格推移が過去に観察されることを指摘した。１９８５年から１９８６年にかけての原油価格の推移である。当時30ドル台で推移していた原油価格が１９８６年半ばに１バレル＝13ドルにまで急落した。原油価格を高値維持するために生産調整の役割を担っていたサウジアラビアがスイングプロデューサーの役割を放棄した。

サウジアラビアは原油の需給バランスをにらみ、産出量が増え過ぎぬように自国の産出量を抑制していた。この役割がスイングプロデューサーと呼ばれた。しかし、サウジアラビアの財政事情が悪化し、サウジアラビアだけが損な役回りを演じることを中止したのである。その結果として原油生産量が増加して、原油価格が急落した。

原油価格下落は世界のインフレ圧力を後退させる効果を発揮した。当時の世界経済最大の懸案事項は、米国の高金利・ドル高と双子の赤字だった。米国は１９７９年にインフレ抑制のために金融引締め政策を実行した。その結果生まれた高金利によってドル高が進行。経常収支の赤字が大きいのにドルが上昇して、米国で保護主義圧力が強まった。また、財政赤字も拡大していた。

ドル高に苦慮したレーガン政権は1985年、ニューヨークのプラザホテルで主要5カ国財務相・中央銀行総裁会議（G5）を開催し、米ドルの切り下げを決定した（プラザ合意）。85年10月に1ドル＝240円だった円ドルレートは86年11月には1ドル＝120円に急騰した。急激なドル安が進行したが、ドル安は米国のインフレ圧力を高めるものである。

しかし、86年は原油価格が急落したため、米国でインフレ圧力は強まらなかった。問題が顕在化したのは翌87年である。

87年、原油価格が上昇トレンドに転換した。米国金利にも上昇圧力がかかった。米国は巨額の経常収支赤字国であるから、日本やドイツなどの黒字国から資本が流入しなければ資金不足に陥る。ところが、このタイミングで、ドイツが利上げに踏み切り、日本も利上げの検討に入った。米国ではインフレ圧力の増大も影響して長期金利が急騰。そして、これがニューヨーク株価暴落の引き金になった。いわゆる、ブラックマンデーの株価暴落が発生した。

日本ではプラザ合意後の円高が金利低下要因になり、金利低下に誘導される資産価格急騰が生じた。景気も急激な拡大に転じ、日銀が利上げの検討に入ったのである。しかし、利上げ実施前にニューヨーク株価が暴落して、利上げは中止された。結局、利上げは1年半延長となり、このことによって日本のバブルが発生したのである。

原油価格の上昇と金融波乱の可能性

２０１５年に原油価格が急落した。原油価格は２０１５年８月以降、１バレル＝40ドルから50ドルのレンジの中で一進一退の動きを続けている。この原油価格が２０１６年の後半にかけて上昇トレンドに転換すると状況が一変する。１９８７年10月のブラックマンデーが再現されないとも限らない。

金融市場では、中国経済の崩壊、世界経済の悪化、新たな金融危機が警戒されている。日本株価についても暴落リスクを警告する論説が多く流布されている。しかし、「逆張り」の発想を重視するならば、逆に、中国経済底入れ、世界経済回復、資源価格上昇という、正反対の回路が動き始めないのかについて、警戒心を保持することが重要になると考えられる。

２０１４年半ばから２０１５年にかけて急落した原油価格が一進一退を繰り返した後に、２０１６年後半にかけて上昇傾向を示す可能性を慎重に検討する必要がある。ドルの動向は86～87年と逆であるから、同列には論じられないが、経済金融変動の基本が「循環変動」であることを忘れてしまうべきではない。

世界経済が底割れせずに、緩やかではあるが、回復基調に転じる場合には、金融市場の景観がガラリと変わってくる。寒さは厳しくとも、冬至を過ぎると、夜明けの時刻が少しずつ早くなり始めることを思い起こすべきである。そのなかで、より重要性を増すのが、2017年4月の消費税再増税についての最終判断だ。安易な増税決定は大きな災厄をもたらすだろう。2016年後半の金融波乱のリスクを、世界経済崩落とは別の角度から考察することが必要である。

第4節　亡国の消費税率10％

弱肉強食を熱烈推進する安倍政権

安倍政権の政策運営の基本は、「戦争と弱肉強食」である。筆者の個人的見解を述べるなら、筆者はこの政策方針に賛同しない。日本が目指すべき方向は「戦争と弱肉強食」ではなく「平和と共生」であるべきだ。この問題は第6章で詳述する。

安倍政権の経済政策の基本は、弱肉強食の推進である。この政策方針が明確に打ち出されたのは、2001年に発足した小泉純一郎政権においてである。

①小さな政府、②規制の撤廃、③民営化、④市場原理信奉の四つを柱とする経済政策運営方針を明示したのが2001年発足の小泉政権である。

1989年に米国の経済学者ジョン・ウィリアムソンが「ワシントン・コンセンサス」という表現で、米国の経済政策戦略を定式化した。そのワシントン・コンセンサスの中核をなす政策手法が、小さな政府、規制撤廃、民営化、市場原理信奉というものである。

安倍政権はアベノミクスを「三本の矢」で表現した。財政政策の発動、金融政策の発動、成長戦略の実施というものだ。経済政策の手法として教科書が提示する基本が、マクロ経済政策としての財政政策と金融政策、およびミクロ経済政策としての各種構造政策である。この構造政策がアベノミクスの「成長戦略」にあたる。「三本の矢」の表現が斬新なイメージを提供するが、内実は、経済政策の「いろは」を並べただけのものだった。メディアの誇大宣伝で、小さな針が大きな棒に言い換えられたのである。

しかも、財政政策は2013年は積極政策だったが、2014年は超緊縮に転じた。この超緊縮財政政策運営＝消費税大増税が日本経済を破壊した。金融緩和政策は「インフレ誘導」の目標を掲げて実施されたが、安倍政権誕生から3年経過した現時点での達成率はゼロである。

ベースマネーの供給が民間金融機関の信用創造を拡大させ、マネーストックを増大させるというメカニズムはまったく機能していない。2%にまで引き上げるとしてきたインフレ率は、2015年9月時点で0%にとどまっている。

他方、「成長戦略」という名の構造政策は、目立った進展を見せていないが、恐るべき危険を内包している。アベノミクスの真髄は成長戦略に隠されており、その進展は、日本の主権者に恐るべき災厄をもたらすものである。

成長戦略の中心原理は、「資本の利益の極大化」である。経済活動の結果生まれる果実は資本と労働に分配される。資本の利益を極大化するということは、すなわち労働の利益を極小化するということである。資本の利益と労働の利益は相反する。小泉政権と安倍政権に共通する基本姿勢が資本の利益の追求なのである。

民主主義社会での主権者は国民である。国民主権を担保する参政権は、すべての人に、1人1票のかたちで付与される。参政権を付与されるのは、主権者である国民だけであり、企業、法人、資本は参政権を持たない。

そして、参政権は、貧富の格差なく、すべての政治国民に1人1票のかたちで付与される。このことを踏まえるなら、国民主権、民主主義の社会においては、政治的な意思決定は、主権者である国民、労働者の意思に沿ってなされるべきものである。

資本に属する人口の比率は限りなく小さい。米国で格差是正を求める市民運動が99%運動と表現されたのは、「労働」に属する国民の比率が圧倒的に高いことを示している。「資本」の側に属する国民の比率は１％程度にしか過ぎない。大多数の国民の利害は「労働」の側にある。政治権力が１％の富裕層のための政策を遂行するなら、99％の一般国民は、この政治権力を支持しなくなるだろう。そうなると、資本の利益を極大化させる政策を遂行することができなくなる。しかし、現実には、２００１年発足の小泉政権が、そして、２０１２年発足の第二次安倍政権が、資本の利益を極大化させる政策運営を実行している。

そのために、安倍政権が用いている手法が、「トリック&イリュージョン」である。トリック＝トラップ＝ペテンを用いて、人びとにイリュージョン＝幻想を見せて、国民多数を騙してしまうのだ。ペテン政治と言い換えてもよい。その、トリック＝トラップ＝ペテンの手法のひとつに「トリクルダウン」という作り話がある。

結婚披露宴で演じられるシャンパンタワーは、最上層のグラスに注いだシャンパンが溢れて、下段のグラスを満たしてゆくものだ。安倍政権は資本を優遇する政策が、やがては、労働の懐を温かくすることになると説明している。

しかし、この説明はウソである。資本の利益は溢れるほどに増えるが、労働者のグラスには、そのおこぼれがほとんど降りてこない。日本の国民は人が好すぎて、この種のトリック＝ペテンにすぐに騙されてしまうのである。

また、安倍政権は「インフレ誘導」という旗を掲げて、正義の政策であるかのような説明を施してきた。しかし、インフレ誘導も、資本にとっての儲け話ではあるが、労働者にとっては百害あって一利のない政策なのである。

民主主義の社会では、99%の国民に不利益を与えて、1%の国民にだけ利益を与える政策を実行する政権は、選挙で簡単に消し去られてしまうと思われるのだが、現実はそうなっていない。国民がペテン話に乗ってしまうと、1%の人々だけを優遇する政策が大手を振ってまかり通ってしまうのだ。

資本が優遇されて、企業利益が増大することは株価を押し上げる要因になる。株価上昇を歓迎する人々は、この変化を肯定するかも知れないが、ものごとは、もう少し長いタイムスパンで考える必要がある。資本だけが栄えて、労働が虐《しいた》げられる状況が続けば、最後に労働が消滅するのである。労働なくして資本は活動できない。この根幹が見落とされている。

安倍政権の経済政策の根幹をなす「成長戦略」とは、まさに、民を亡ぼす政策である。その成長戦略の柱をなす五つの施策が、農業自由化、医療自由化、解雇自由化、経済特区の創設、そして法人税減税なのである。

その法人税減税と表裏一体をなす税制改定の根幹が消費税大増税である。

消費税大増税を断行し、弱きを挫《くじ》き強きを扶《たす》く安倍政権

日本の国税主要税目の税収推移のグラフをご覧いただきたい。いまから25年ほど前が、日本のバブルのピークである。１９８９年度から１９９１年度にかけて、国税収入がピークを記録した。税収全体では約60兆円の水準を確保した。これが２０１０年度に40兆円を下回った。過去20年間に税収は３分の２に減少した。

国税主要税目は、所得税、法人税、消費税である。所得税は91年度の27兆円から２０１０年度の13兆円に減少した。２０１５年度見積もり額は16兆円である。

法人税は１９８９年度の19兆円から２００９年度の６・４兆円に減少した。２０１５年度見積もり額は11兆円である。これに対し、消費税は89年度の３・３兆円から２０１５年度の17兆円に膨張した。５倍以上になった。

所得税と法人税は格差を是正する税目である。法人税負担の中心は大資本、所得税負担の中心は高所得者である。つまり、法人税と所得税中心の税制は、結果における平等を重視した制度、格差是正を目指す制度なのだ。

これに対して消費税は、格差拡大を助長する税制である。消費税の最大の特徴は、超富裕層

主要税目の税収推移

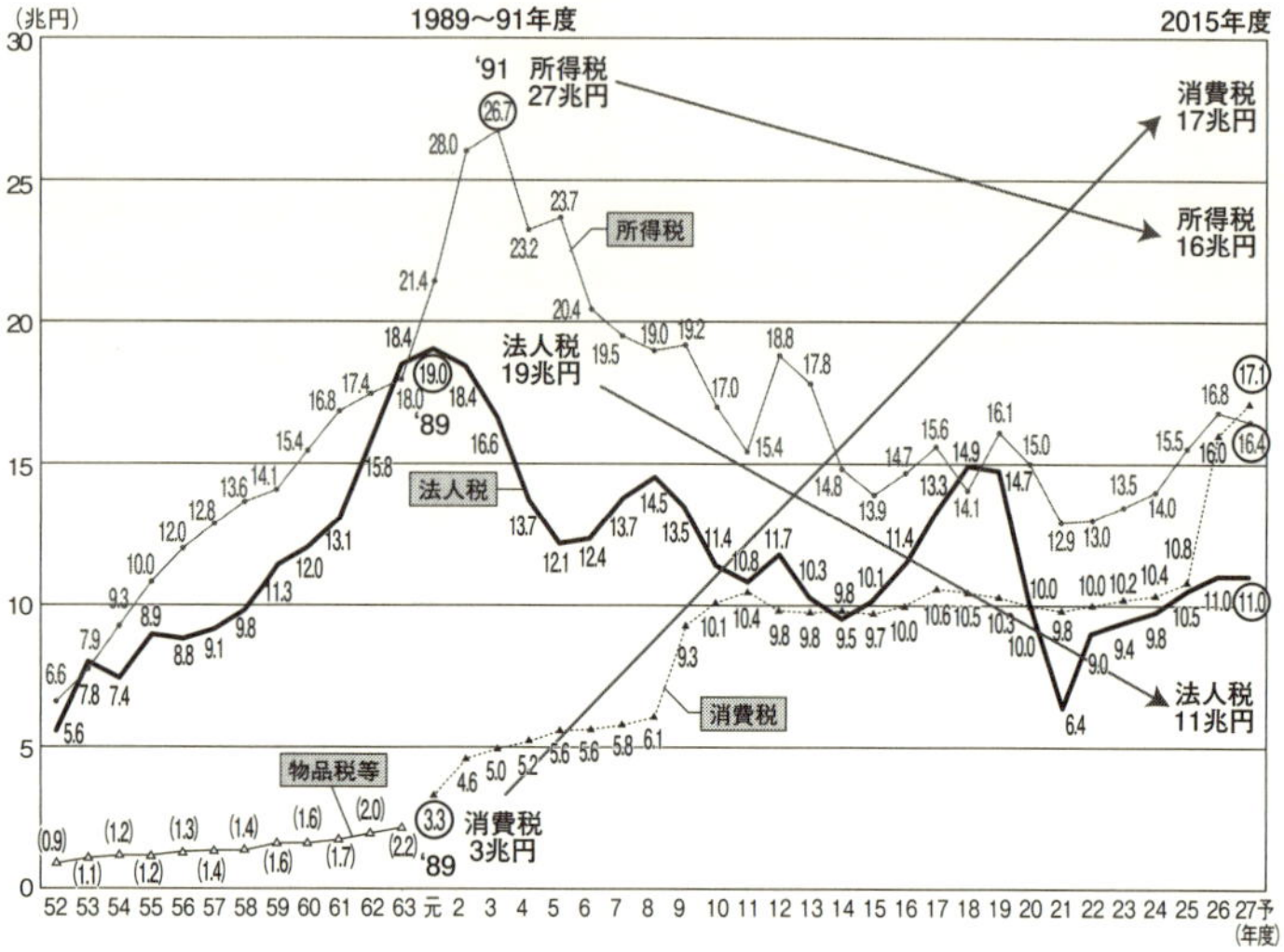

出典：財務省

と最貧困者の税率が同じという点にある。超富裕層にとって消費税率はタダ同然に低い。しかし、最貧困者にとって消費税率は悪魔のように高い。所得の少ない人は所得税負担を免除される。税を課せば、生存が脅かされるからだ。しかし、消費税は所得がゼロの人からもむしり取る制度である。この消費税だけが、過去25年間に5倍以上に増大した。消費税率が10％にまで引き上げられると、消費税収が20兆円を越える。

日本の税制は、税負担能力の高い人に多くを負担してもらう制度から、税負担の低い人から税金をむしり取る方向に大激変したのである。そして、安倍政権は、その激変をさらに推進しているのだ。

財務省は、この政策を強行する際に、やは

りペテンを使っている。日本財政が危機に直面しているというウソ、ペテンを撒《ま》き散らしているのである。その象徴が、政府債務1000兆円という数値である。

日本政府の資産と負債の統計数値は国民経済計算統計に収録されている。これを見ると、2013年12月末時点の日本の一般政府の負債金額は、1167・1兆円となっている。日本政府の借金1000兆円というのは、たしかにウソではない。2014年度の日本の名目GDPが491兆円であるから、政府債務1167兆円はGDP比238%に相当する。

ギリシャの政府債務GDP比は2014年で177%とされているから、あのギリシャよりも日本の財政事情は悪いということになってしまう。ほとんどの国民は、この数値ひとつで、ころりと騙されてしまうのである。

しかし、財務省は、もうひとつの、決定的に重要な数値を隠している。絶対にこの数値を大々的には公表しない。公表したと同時に、日本財政危機説が音を立てて崩れるからだ。

それは、日本政府の資産残高である。日本の一般政府の資産残高は、2013年12月末時点で1167・5兆円ある。借金とほぼ同額の資産を保有している。借金から資産を差し引いた純負債は小幅のマイナスだ。小幅だが資産超過なのだ。

政府の純債務がゼロ、小幅マイナスなら、これは、超健全財政と言っても過言ではない。資産のうち半分が金融資産、半分が土地などの実物資産である。

しかも、政府は税金を徴収する強制権力を有する。不足する資金を課税で徴収する強制権力を有するから、民間経済主体よりもはるかに緩い評価基準が適用される。純資産を保有していなくても財務危険性が高くは指摘されないのである。

米国予算教書が公表している米国連邦政府のバランスシートは、米国連邦政府が2013年9月末時点で、約1900兆円の債務超過になっている事実を明らかにしている。年金負債の取り扱いが日米で異なるから単純比較はできないが、日本政府が財政危機に直面しているという判断が、真っ赤なウソであることは間違いない。こんな根幹部分で騙されていることを、主権者は知っておかねばならない。

よく考えてほしい。日本財政が危機に直面しているのが真実なら、必要もない国立競技場建設に2550億円もの予算を計上することなどありえない。オリンピックのパクリエンブレム製作に関連しても血税がどぶに捨てられている。競技場建設計画の白紙撤回だけでも60億円もの血税が捨てられているのである。

ウソの財政危機説を流布して庶民から巨大な血税をむしり取る一方で、大資本、富裕層には優遇に優遇を重ね、他方で利権財政支出には糸目をつけない、というのが、財務省の財政運営の基本なのである。庶民は税金をむしり取られる一方で、社会保障支出を切り刻まれている。それでもおとなしく、この政治権力を支えているのが、日本の主権者多数なのである。

2017年、消費税は10%に引き上げられるのか？

2017年4月の消費税再増税を強行実施するべきでない。そして、再増税を実施しない可能性は高まっている。どのようなプロセスで実現しないことになるのかは確定していない。実施凍結が正しい判断であり、その可能性が生まれているが、なお予断は許さない。財務省が消費税率10%への引き上げを至上命題としているからだ。消費税再増税が凍結される一つのプロセスは、安倍政権が消費税再増税を再延期することだ。2016年7月実施の参院選に合わせて決定する、あるいは、2016年後半に衆院総選挙を実施して、これに合わせて決定する、のケースが、安倍政権が自発的に増税延期に進む場合として考えられる。

もう一つのプロセスは、消費税再増税実施の方針がいったんは定められるが、その後に、世界の金融市場が大きく動揺して、その結果として再増税が延期されるプロセスである。また、参院選争点として消費税再増税問題が浮上して、主権者が増税を否定することも考えられる。

このシナリオに反して、消費税再増税が強行される場合には、2016年半ばから2017年末にかけて、日本の金融市場は巨大なリスクを背負うことになるだろう。日本発の金融危機が再来する可能性も生じることと思われる。

日本の法人実効税率はドイツ並みに

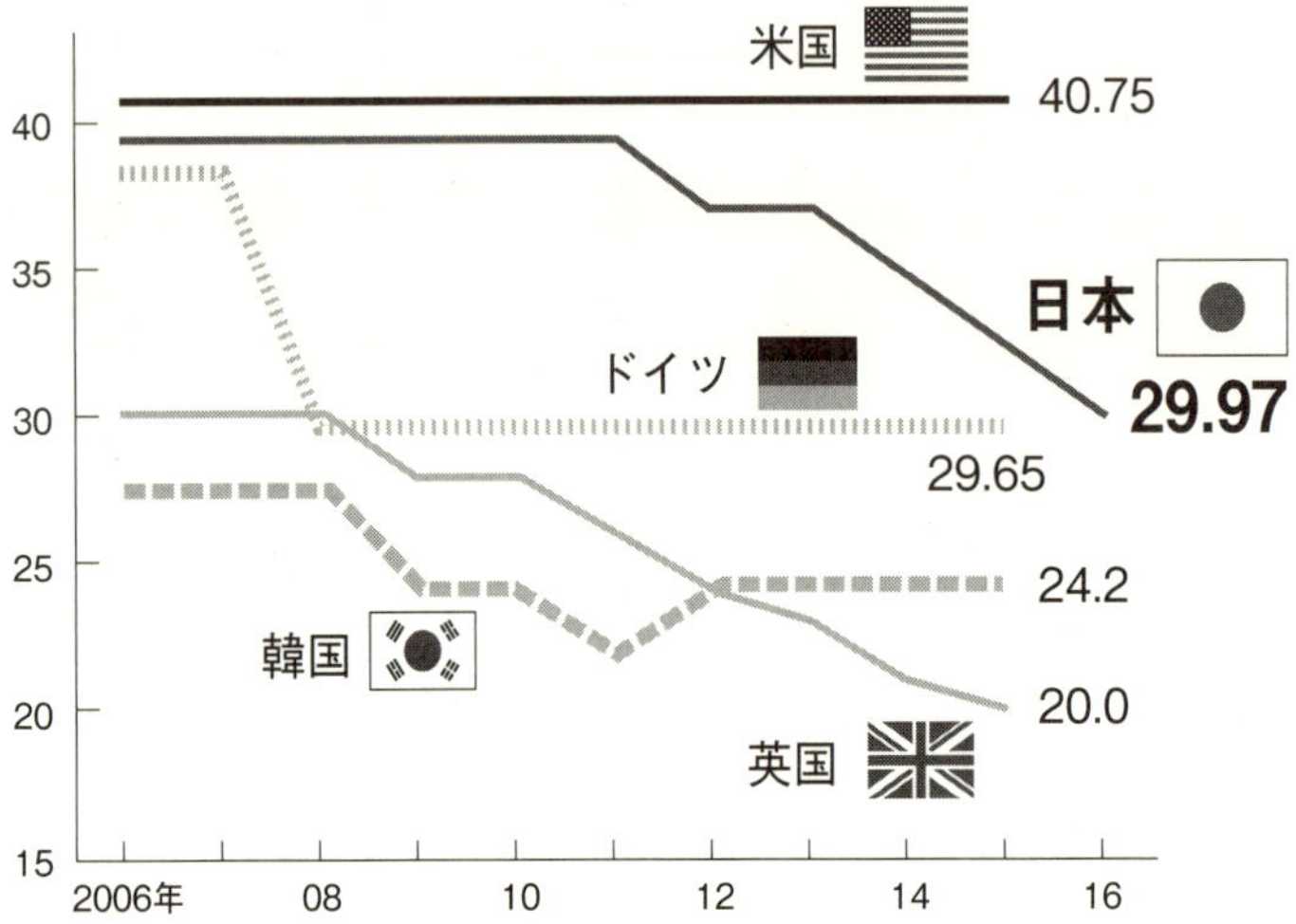

（注）財務省とKPMGインターナショナルの資料をもとに作成
出典：日本経済新聞、2015年12月3日

　格差が拡大し、格差是正が求められているなかで、日本の主権者は、日本の国税収入構造の変化を、よく知る必要がある。主要税目の税収推移グラフを見れば、安倍政権と財務省が推進する、法人税減税＝消費税大増税の路線が、まさに悪魔の税制改定であることが、誰の目にもはっきりと分かるはずである。

　日本政府は２００７年11月の政府税制調査会報告において、「日本の法人の税及び社会保険料負担は、国際比較上、必ずしも高いとは言えない」との判断を示している。国際比較上、高くない法人負担を、安倍政権は引き下げ続けている。その一方で、庶民虐待の消費税大増税に突き進んでいるのだ。

　資本優遇の経済政策は短期的には株価上昇要因になるが、長期的影響は逆転する。「資本栄えて民亡ぶ」とは、「国を亡ぼす」ことに他ならないからだ。この点に気付かないところに、安倍政権の「反知性主義」の特徴が如実に表れている。

第5節 為替と株価のデカップリング

円安と日本株上昇の連動性

2012年10月29日号の『金利・為替・株価特報』で日本円の基調変化を指摘した。円高から円安への転換可能性を指摘したのである。同時に、連動する株価の上昇波動への転換予測を提示した。その直後の11月14日に衆院解散・総選挙が宣言され、円安進行が本格始動した。連動して、日経平均株価が大幅に上昇した。

ここでは、為替と株価の連動関係を重視して説明を展開した。円安進行が株価上昇をもたらし、円高への回帰が株価下落をもたらす。現実にこの連動関係が維持されてきた。

企業収益変動で顕著な振幅を示すのが製造業の経常利益である。その製造業経常利益は、為替レート変動に対する感応度が高い。円安に振れると、製造業の企業収益が大幅に増大する。逆に円高に振れる局面では、製造業の利益が急縮小する。

2007年から2009年にかけてサブプライム金融危機が発生した。このとき、上場企業の経常利益は一気に3分の1の水準に縮小した。代表的な株価指標であるPER（株価収益率）は企業利益が3分の1になれば3倍に跳ね上がる。PERが同水準に留まるには、株価が3分の1になる必要がある。因みにPERは、株価が1株利益の何倍であるかを示す指標である。

円安傾向でも日本株が下落する可能性が

2012年11月以降、日本株価はドル円レート変動にピタリと連動して推移してきた。円安局面で株価が上昇し、円高局面で株価が下落する。長期にわたって、この強い連動関係が観測されると、この関係が恒常的に、永久に持続するものと判断してしまいやすい。しかし、過去の事実を検証すると、この連動関係が安定的なものではないことが判明する。

1996年10月から2015年10月までの19年間の両者の関係を比較してみる。すると極めて興味深い事実が判明する。1996年10月から2004年4月までのドル円レート変動と日経平均株価の関係と、2004年4月以降の関係が180度転換しているのだ。

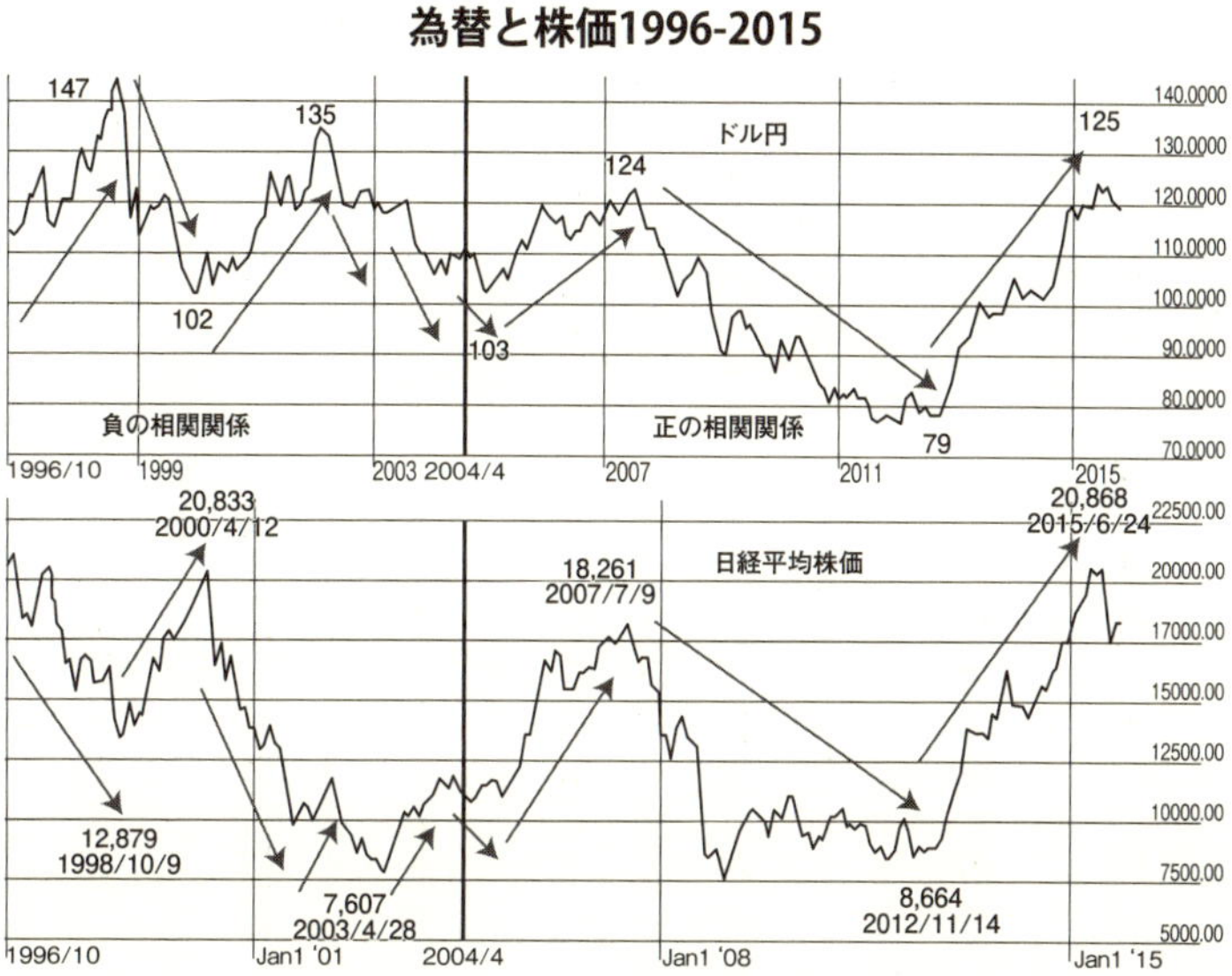

２００４年４月までは円安局面で株価が下落し、円高局面で株価が上昇している。ところが２００４年４月以降は、円安局面で株価が上昇し、円高局面で株価が下落している。

１９９６年の６月25日に橋本政権が消費税率を３％から５％に引き上げる方針を閣議決定した。筆者は消費税増税強行が金融危機を到来させる原因になると訴え、増税圧縮を主張したが、橋本政権はこの提言を受け入れなかった。そして、６月25日、増税方針を閣議決定したのである。この閣議決定を境に日本株価が下落に転じた。

為替は95年春の日米構造協議決着以降、円安傾向をたどっており、96年６月までは株価も上昇していた。つまり円安の局面で株価は上昇していたが、96年６月25日に橋本政権が増税方針を決定した瞬間から、株価は下落に方向を変えた。為替はなお円安傾向を持続した。この96年6月が両者の連動関係の変節点になった。

その株価が上昇に転じたのは、1998年10月である。小渕政権が誕生して、財政政策の方向が転換された。金融緩和策、金融危機対応策も併用された。株価は反発に転じて、為替レートは円高に回帰した。次の転換点は2000年4月だった。小渕首相が脳梗塞で倒れ、森政権が発足した瞬間に流れが転換した。森政権は財務省主導の超緊縮路線に乗った。為替は円安に転換し、株価が反落したのである。

この点の謎解きは第3章に委ねるとする。こうした事実経過を踏まえると、2016年以降に、2012年以降に観察された為替と株価の連動関係が成立する保証はないのである。これから予想される米国の金融引き締め政策を前提に置くと、ドル上昇圧力の残存可能性は考慮しなければならない。しかし、その際に、日本株価が上昇を続けるとは限らなくなる。

過去の事実経過は、日本の財政政策運営の変化が為替と株価変動の重要な要因になることを浮かび上がらせる。安倍政権が消費税問題の取り扱いを含めて、どのような財政運営を展開するのかが、鍵を握ることになりそうだ。この点の分析は第3章に譲ることとしたい。

いずれにせよ、円安＝株高、円高＝株安の固定観念に囚われてはならないということを、まずは、しっかりインプットしていただきたい。

第2章

2015年波乱相場の総括

第1節　原油、ギリシャ、チャイナのゆさぶり

2014年の政府と日銀による「官製相場」

『金利・為替・株価特報』＝TRIレポートは、2014年10月14日号で日本株価の見通しを上昇から中立に転換した。米国では10月中旬に株価の中規模調整が発生した。これに連動する形で日経平均株価も、2014年10月に大幅下落を示し、日経平均株価は1万4500円水準にまで下落した。上昇見通しを下落見通しに転換しなかったのは、この株価調整がトレンド転換にはならず、一定の調整で収束する可能性が高いと判断したからである。株価は下落後、小幅反発を示したが、その中で2014年10月31日に大きな変化が生じた。

黒田日銀が市場の意表を突いて追加金融緩和政策を決定するとともに、公的年金を扱うGPIF（年金積立金管理運用独立行政法人）の運用指針変更を塩崎厚労相が正式認可したのである。国内債券60％、国内株式12％、外国株式12％、外国債券11％の運用比率を、国内債券35％、国内株式25％、外国株式25％、外国債券15％に変更する新しい基本ポートフォリオが正式に認

可された。日本株式および外国証券に対する投資比率が大幅に引き上げられた。国内債券への配分比率は大幅に縮小されたが、このことに伴う公的年金の日本国債売却をすべて日銀が引き受けたうえで、日銀がそれ以上に国債を買い増す方針が示されたため、株高、ドル高、債券価格上昇のトリプル高が生じたのである。

この2014年10月31日の政策決定は、12月14日に実施された総選挙に向けての、いわば人為的操作であった。2014年10月末から2014年12月にかけて、いわゆる「官製相場」が形成され、円安の進行と株価上昇が発生した。

TRIレポートでは10月14日号に示した株価中立見通しを2015年2月まで維持した。2014年10月に株価は急反発したが、その後2015年2月までは一進一退の推移を示し、横ばい推移を示した。

日本株価が値崩れせずに堅調を維持したもう一つの理由は、安倍政権が消費税再増税延期を決定したことだった。安倍政権は2014年12月14日の選挙で勝利を得るために日銀を動かし、年金運用の方針を変更し、さらに消費税増税先送りを決定したのである。

2015年の金融市場大混乱

TRIレポートは、2015年2月16日号において、株価見通しを中立から上昇に転換した。日本経済の緩やかな改善、米ドルの底固い推移、長期金利の安定を踏まえた見通しの転換であった。

この株価上昇見通しを、2015年2月から2015年8月まで基本的には維持した。一時的に5月初旬、株価弱含みの見通しを2週間のみ提示した。米国における金利引き上げ措置実施が前倒しされる可能性が一時的に強まった局面である。しかしその可能性が短期で収束したため、見通し変更は2週間のみにとどめた。日経平均株価は6月24日に2万868円の水準に達した。2000年4月12日の高値を抜けて、18年半ぶりの高値を記録したのである。

しかしながら、6月から8月にかけての株式市場は乱高下に見舞われた。TRIレポートでは、6月から8月にかけて、その背景を詳しく分析して提示した。最大の攪乱要因となったのは、ギリシャ情勢であった。ギリシャに対する金融支援を再開するかどうかの期限が2015年6月末に設定されていた。この交渉期限に向けて、ギリシャ、EU、ECB、そしてIMFの間で極めて緊張した交渉が展開された。この交渉を背景に、金融市場が乱高下したのである。

日経平均株価は2月から6月にかけて上昇、6月から8月にかけて高値波乱の展開が示された。

2月から6月にかけて株価が上昇した最大の背景は、原油価格の急落だった。1バレル＝100ドルを越す水準から1バレル＝40ドルを割り込む水準に原油価格が暴落した。既述したように原油価格が1バレル＝100ドルから1バレル＝50ドルの水準に下落することにより、日本の石油輸入代金は、年間7兆円節約される。消費税増税不況に陥った日本経済は、7兆円減税と同等の原油価格下落によって救われた。

そして、安倍政権が2014年末に決断した消費税増税先送り決定が、これを補完する要因になった。安倍政権にとっては天佑があり、その天佑に消費税増税先送りという現実的な判断が加わった。

ところが、2015年6月から8月にかけて、ギリシャ情勢が不安定化し、一時はギリシャの債務不履行、そしてギリシャのユーロ離脱が現実味を帯びた。この瞬間、グローバルに株価下落が連鎖した。しかしながら最終的にギリシャに対する金融支援継続が決定され、市場は落ち着きを取り戻したのである。

市場参加者の関心がギリシャに引き寄せられている時期に、すでに6月から8月にかけて、重大な変化が始動していた。中国株価の反落である。2015年6月に5178ポイントの高値を記録した上海総合指数が8月には2850ポイントに暴落した。

既述したように、8月11日、中国人民銀行は中国人民元を切り下げる措置を実施した。当初の金融市場の反応は限定的だったが、翌週になって世界の金融市場変動が拡大した。『金利・為替・株価特報』は8月17日号で警戒警報を発令した。人民元切り下げに伴うキャピタルフライト＝資本逃避のリスクに対する金融市場の警戒行動に最大級の警戒が必要であると指摘したのである。

金融市場では、過去10年来唱えられ続けてきた中国経済崩壊が現実のものになった、あるいは世界金融市場が再び大混乱に陥るといった不安心理を煽る論調が、一気に広がった。

TRIレポートは、こうした付和雷同型の不安心理扇動型見通しとは一線を画した。8月17日号で警戒警報を発令し、実際、その後に株価の大幅下落、金融市場の大規模波乱が発生したのだが、この変化が2011年に観察されたような中規模調整にとどまる可能性があることを明記し、拙速なトレンド転換の判定を控えるべきことを強調した。

TRIレポートは10月13日号で警戒警報を解除して日本株価見通しを「上昇」に転換した。実際に、10月以降の内外市場では、株価復調の傾向が示されている。最大の焦点は中国経済だ。中国経済が大崩落を起こすというのが市場での多数派見解になっているが、現実化するのか。中国経済が減速していることは事実だが、この減速が緩やかに底入れし、改善傾向を示すのか、それとも、底割れ、崩落に移行するのか。その見極めが重要だ。

こうした中短波動の大局を的確に見通すことが第一に重要である。しかしながら、それだけで高い投資運用パフォーマンスを得ることはできない。6月から8月、あるいは8月から10月のように、市場が乱高下する局面においては、その中短期の大局観を洞察したうえで適切な投資戦術を組み合わせなければ、高い投資リターンを維持することができないからだ。

本書第7章に「投資の極意」として、波乱相場を乗り切る投資戦術を記述した。マクロ経済情勢を把握し、的確な大局観をつかむと同時に、確実にプラスの投資リターンを確保するための投資戦術を活用することによって、初めて優良な投資パフォーマンスを得ることができる。

第2節 再増税延期とインフレ誘導失敗の評価

GDP成長率マイナス17%という衝撃

本シリーズ2015年版タイトルは『日本の奈落』だった。安倍政権が消費税再増税に突き進めば、日本経済は奈落の底に転落するとの意味をタイトルに込めた。ギリギリのところで安倍政権が消費税再増税延期の決断を下せば、日本経済は奈落の底に転落することを免れる。

安倍政権は最終的に筆者の提言を採用した。政権の延命、長期政権を目指す安倍首相は、財務省路線に乗って消費税再増税を実施し、自らの政権を短命にすることより、財務省路線を退けて増税を延期し、政権の延命を図る選択を示したのである。

２０１４年の日本経済は消費税大増税によって本格不況に転落した。政府発表の景気の山と谷は景気動向指数研究会の議論で人為的に決定される。その判断は政治的影響を受けるため、客観性を欠く。

景気循環を的確に判断するうえで、最も信頼性の高い経済指標が、鉱工業製品在庫率指数だ。景気拡大局面で在庫率が低下し、景気後退局面で在庫率が上昇する。

２００８年2月から２００９年3月にかけてのサブプライム金融危機不況においては、在庫率が95ポイントから１５５へと空前の跳ね上がりを示した。製造業は出荷の激しい落ち込みに直面し、在庫激増に直面した。企業は生産活動を著しく低下させた。

その行動が製造業の派遣労働者を直撃した。派遣労働者は突然の雇い止めに遭遇。仕事を失い、居住する場を失い、収入を失い、寒風吹きすさぶなか、路上に放り出された。命からがら駆け込んだのが東京・日比谷公園の年越し派遣村だった。

鉱工業製品在庫率指数は、この景気急変動を鮮明に浮かび上がらせている。

鉱工業製品在庫率指数グラフ

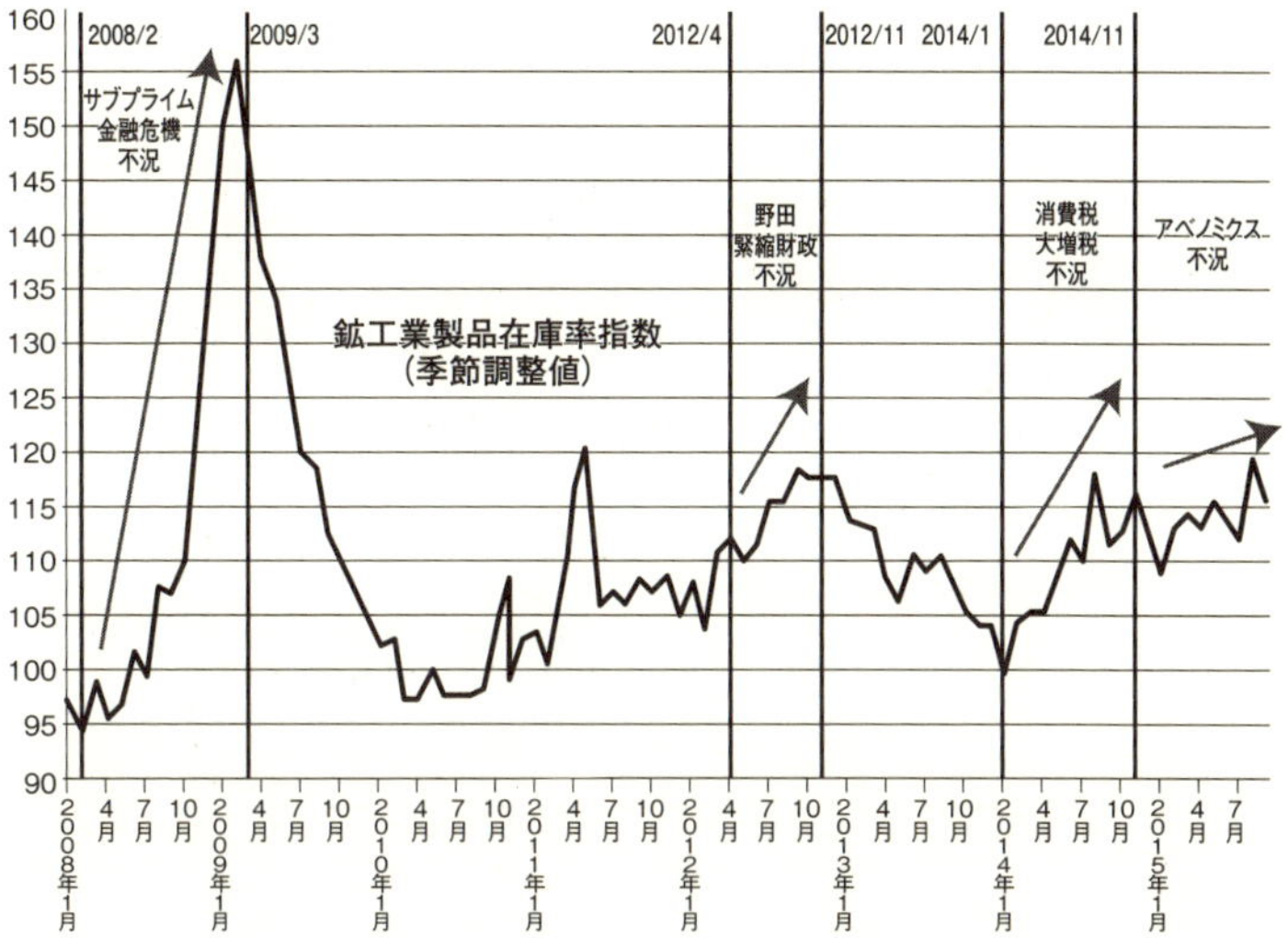

次の不況は２０１２年４月から２０１２年11月に観測された。野田政権は東日本大震災に苦しむ日本経済に超緊縮財政で対応した。そして、２０１２年８月、公約に反する消費税増税法を制定した。日本経済は野田佳彦氏の間違った超緊縮経済政策により不況に転落した。

安倍政権が誕生して超緊縮財政政策が短期的には転換された。13兆円規模の補正予算が編成され、積極財政が打ち出された。財政政策の内容には、利権ばらまきという重大な問題があったが、マクロ経済政策としては、景気改善優先という適正な方針が示された。日銀は金融緩和政策を強化し、日本経済は緩やかな改善に転じた。在庫率はグラフが示していように２０１２年11月から２０１４年１月

GDP成長率推移

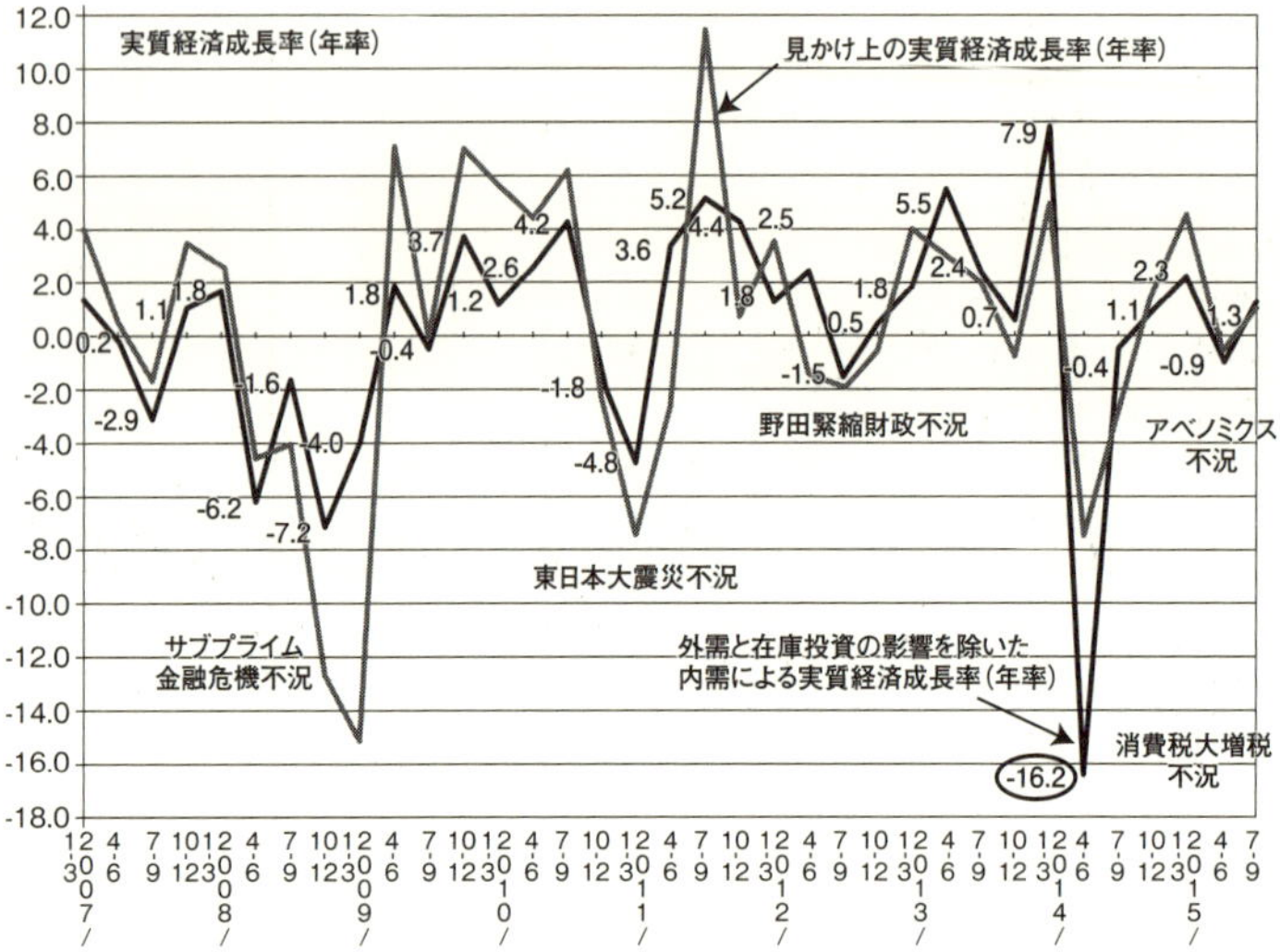

にかけて急低下した。

ところが、在庫率は２０１４年１月から２０１４年11月にかけて急上昇した。日本経済は再度、景気後退局面に転落したのである。

２０１５年版ＴＲＩレポート『日本の奈落』表紙帯に、「年率マイナス17％、ＧＤＰ成長率衝撃の真実」と表記した。国内最終需要で計測した２０１４年４－６月期のＧＤＰ成長率は、年率マイナス17％の大崩落を示した（その後マイナス16％に改定）のである。

「国内最終需要で計測した」という意味は、外需と在庫増加の寄与を差し引いているという意味だ。ＧＤＰは生産統計なので売れ残りも生産としてカウントする。しかし、景気の実態は実際に販売された部分の生産量で測られるべきである。売れ残りを含めばＧＤＰ成長率はマイナス7・7%だったが、売れ残りを除くとマイナス16・3%だった。

日本経済新聞は誤報を提示し続けたことになる。消費税増税の影響は「軽微」ではなく「甚大」だった。鉱工業製品在庫率指数は2014年1月の99・9ポイントから2014年11月の116・1ポイントまで上昇の一途をたどった。GDP成長率は2014年4－6月期に再びマイナスを記録した。日本経済は低迷から抜け出せていない。

この状況下で2014年末に安倍政権が消費税の再増税を決定していれば、景気心理は一段と冷え込み、株価は急落し、日本経済はさらに深刻な不況に陥ったはずである。経済の実情を踏まえて筆者は、消費税再増税を中止すべきだと訴えた。

百害あって一利なしのインフレ誘導

経済の安定成長軌道を確保することは、所得、支出、生産の持続的拡大循環を生み出すことと同義だ。その実現に必要不可欠な要素は、家計所得が増加することである。より正確に言えば、特に中低所得者層の所得が増大することが、景気拡大循環を確保するために不可欠である。高所得者は所得のうち消費に回す部分が小さい。10億円の所得を得て1億円使っても、消費に回す比率は1割である。これに対し、年間所得200万円の人が、200万円支出すると消費

実質賃金伸び率推移

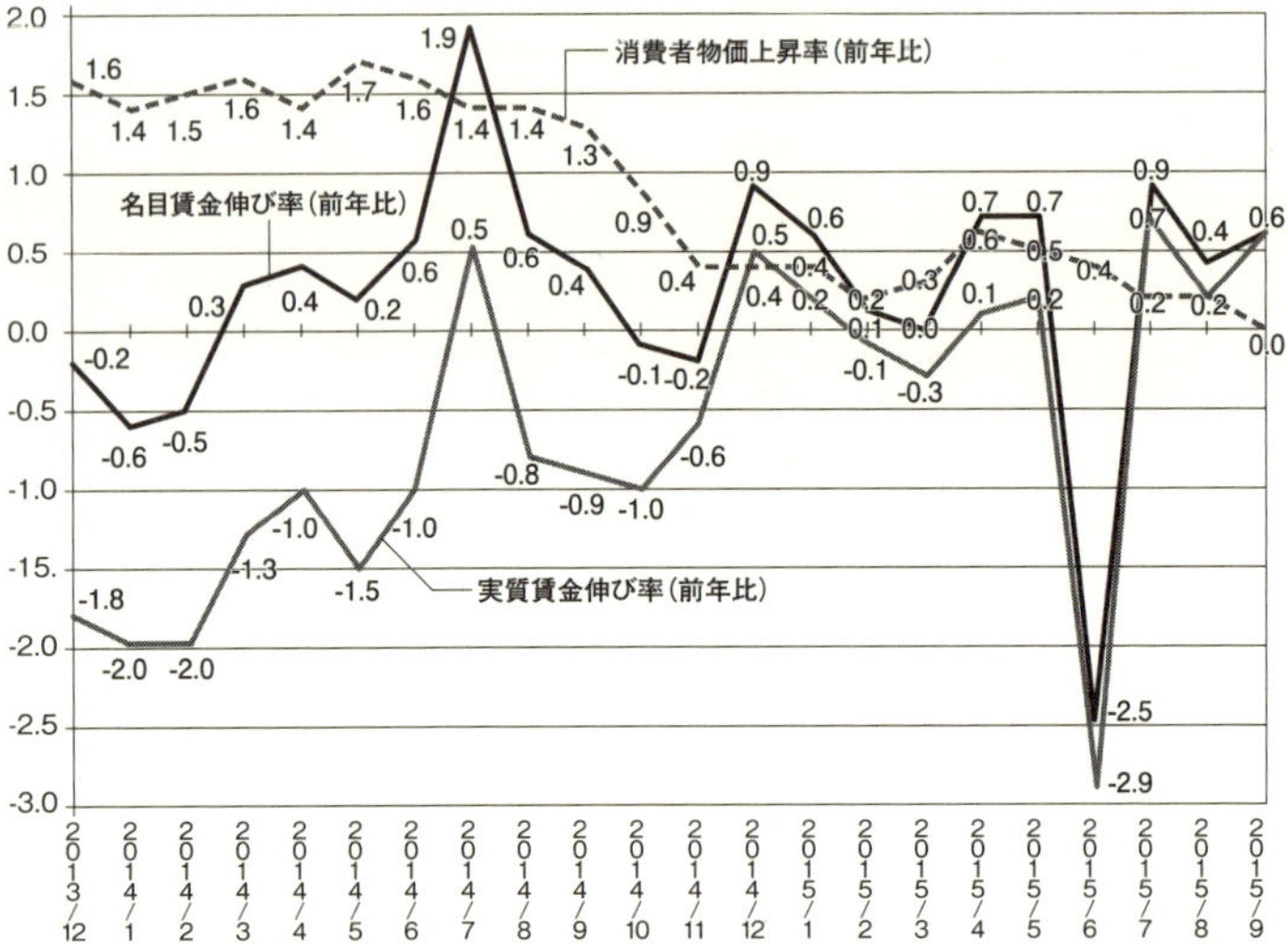

に当てる比率は100％になる。

消費主導の景気拡大サイクルを維持するには、中低所得者層の所得増大を誘導することが重要なのだ。

安倍政権は2012年11月以降、金融緩和政策強化を提唱し、インフレ誘導の旗を掲げた。マイナスのインフレ率を2％のインフレ率に誘導する方針を掲げた。メディアはインフレ誘導政策を絶賛したが、インフレの経済効果についての正確な解説は示されなかった。

インフレは賃金を支払い、債務を抱える企業に利益を与える。逆に、賃金や年金を受け取り、貯蓄を持つ労働者や年金生活者に不利益を与える。物価が上がれば賃金と貯蓄が目減りする一方、企業にとって支払賃金の実質負担が減り、借金の重みが軽減されるからだ。

インフレ誘導政策は、賃金を支払う側の企業、資本に有利な施策であり、労働者、年金生活者に不利な施策なのである。実際にアベノミクスの時代における実質賃金推移を見ると、安倍政権の下でインフレ誘導が叫ばれ、実際にインフレ率が上昇した局面で、労働者の実質所得は大幅に減少し続けた。消費を決定する最大の要因は所得である。所得が増えれば消費が増える。所得が減れば消費は減る。当たり前のことである。アベノミクスの時代、消費は低迷し続けたのだ。

アベノミクスの時代に株価が大幅に上昇した最大の理由は企業収益が増加したことだ。2013年と2015年に株価が上昇した。円安と財政出動、インフレで企業利益が拡大したからである。株価は2014年は下落したが、これは、消費税増税で日本経済が景気後退に陥ったからである。企業と富裕層は潤った。

しかし、国民生活はまったく浮上していない。一般労働者の実質所得が減少し続けたからだ。インフレ誘導が失敗に終わり、インフレ率がゼロまで低下した。このなかで、ようやく実質賃金伸び率がプラスに浮上し始めている。この状況を堅持することが必要であり、インフレ誘導政策は誤りであったことを確認しておく必要がある。

第3節　原油安の配当

原油価格大幅下落の背景

２０１５年の日経平均株価は、２０１４年11月から２０１５年2月までの保合《もちあ》い相場を抜けて、2月の1万７５００円水準から6月の2万８００円水準へと約2割上昇した。２０１５年を振り返れば、この2月から6月にかけての株価上昇局面と10月以降の株価の戻り局面が株価上昇の果実を獲得できるチャンスだった。

2月から6月の株価上昇を支えたのは、消費税再増税延期決定と原油価格暴落だった。消費税再増税が延期され、先行き警戒感が大幅に緩和された。他方、原油価格の代表指標であるＷＴＩは２０１４年6月に1バレル＝１０７ドルを記録したのちに下落波動に転じ、２０１４年末に50ドルを割り込んだ。さらに２０１５年8月には1バレル＝40ドルを割り込んだ。下落率は65％に達した。

二つの原油価格急落原因を指摘できる。一つは、新興国経済の急激な悪化である。その中心

原油価格チャート

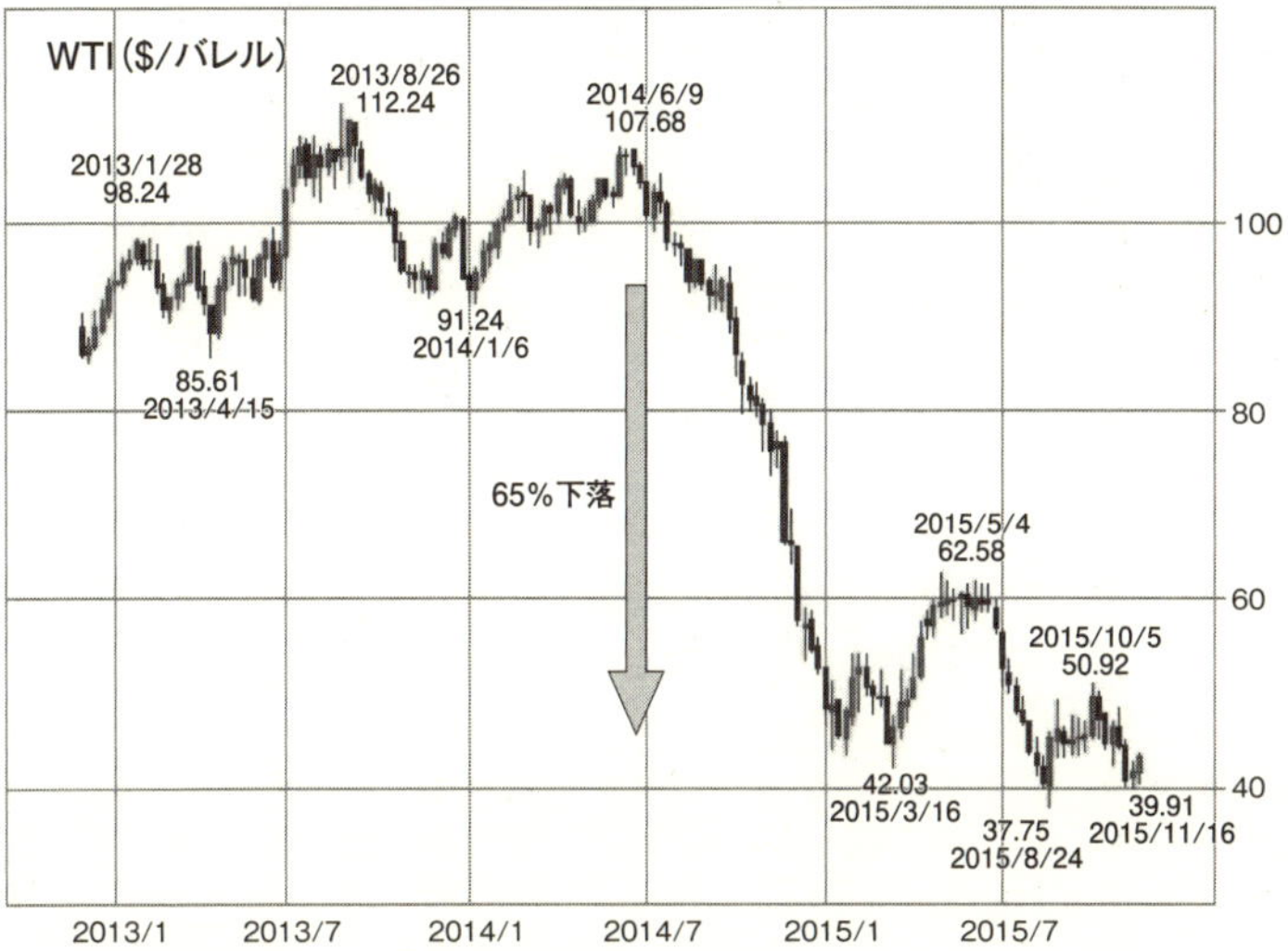

原油価格（1984～87）

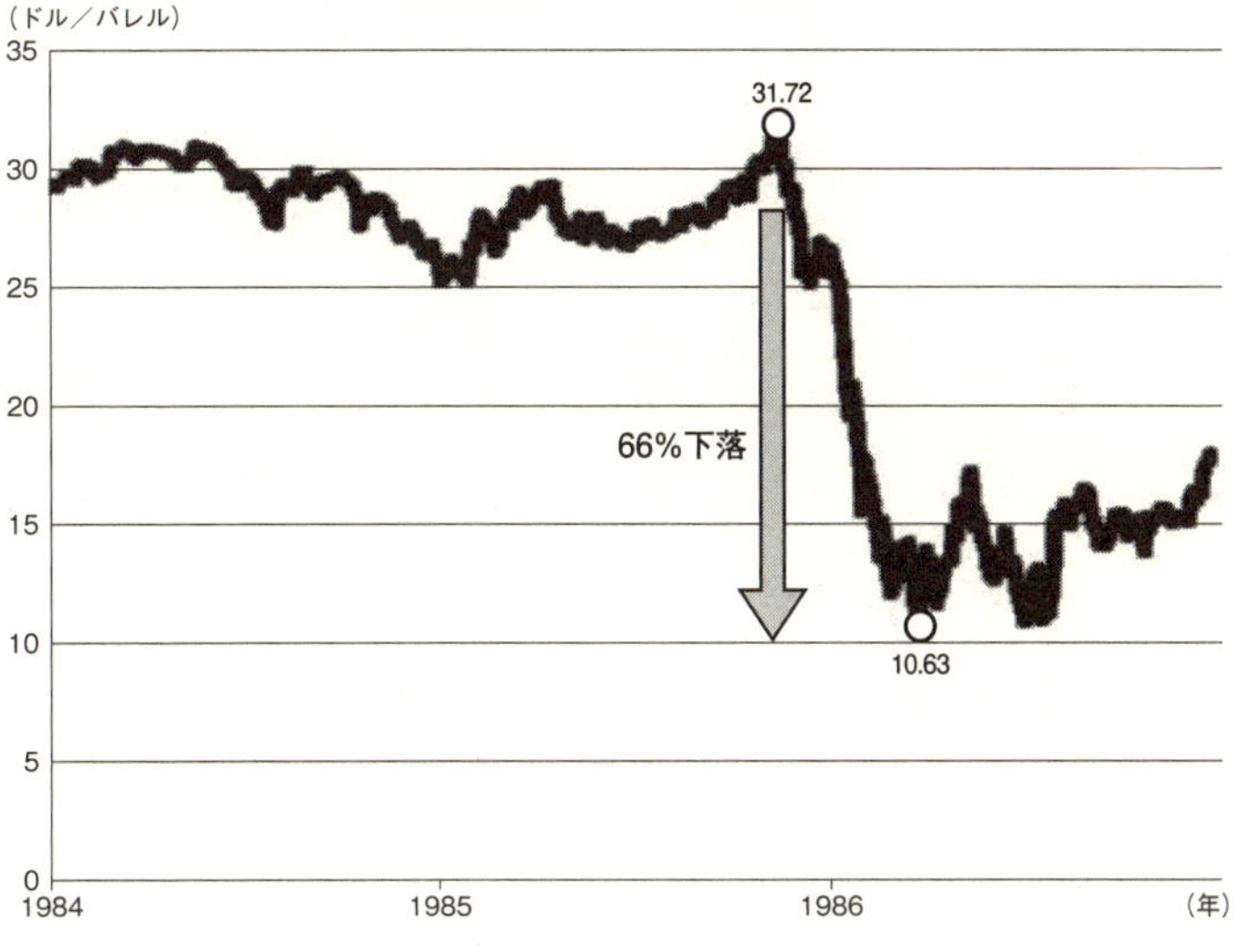

が中国であることは言うまでもない。ＢＲＩＣｓの時代と表現される。ブラジル、ロシア、インド、中国の４カ国が世界経済におけるプレゼンス、相対的地位を大幅に上昇させた。２００４年から２０１３年にかけての10年間に中国のＧＤＰは２・５倍の規模に達し、インドの経済規模は2倍になった。中国のＧＤＰ規模は、２０１０年に日本を越えて、世界第2位の地位に到達し、その後の5年間で、日本の2倍の規模に達した。

この新興国の高度成長が資源に対する需要を激増させた。これが原油価格が２００９年のリーマンショック後の安値、30ドルの水準から１００ドル超の水準へと3倍の上昇をもたらした背景である。

とりわけ中国の資源需要が激増し、２００４年から２０１３年の10年間における世界の石油需要増加分の約45％は中国の需要が占めたと見られている。この新興国経済が２０１４年半ばから急変した。その変化は、資源価格だけでなく、為替市場にも顕著に現れている。

２０１２年11月の1ドル＝78円から２０１５年11月時点の1ドル＝１２１円へ、ドル円レートは円安傾向を維持したため、日本円は円安の流れにあると判断してしまいがちだが、日本円の、対資源国通貨、対新興国通貨の為替レートを見ると、すでに２０１４年半ば以降、大幅円高に、潮流が転換していることがわかる。この点は第3章で詳述する。

原油価格下落のもう一つの要因は「シェール革命」の言葉に示されるシェールオイル生産の

レアル／円

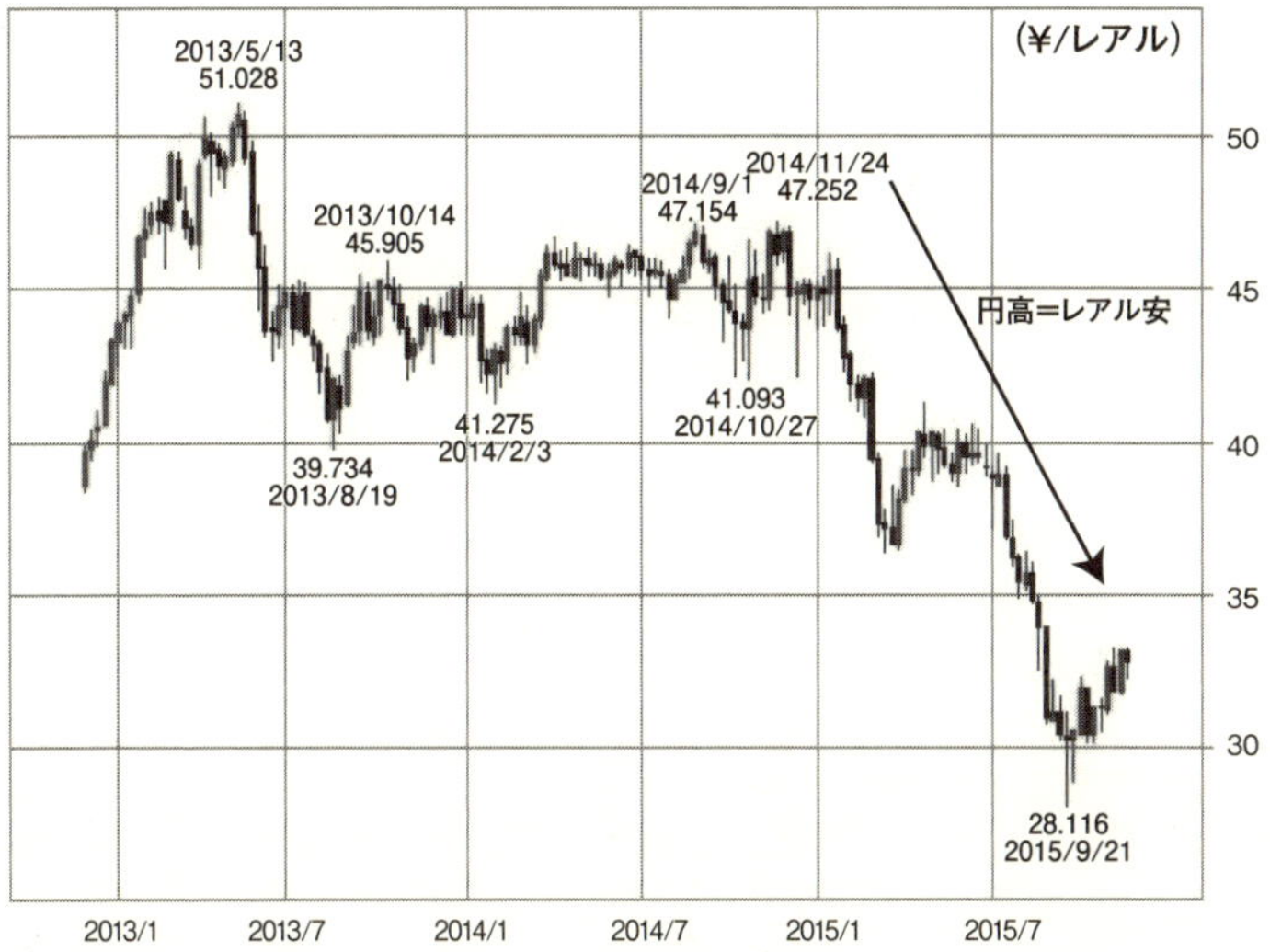

急増だ。つい最近まで、「石油と天然ガスはいずれ枯渇する」と言われていた。しかし、この考えは否定されつつある。石油の埋蔵量は年を追うごとに増大している。シェールオイルの産出は産出コストに大きく依存する。原油価格が1バレル＝100ドルを越えていれば、ほぼすべてのシェールオイル生産が利益を生み出すが、原油価格が50ドルを下回れば、販売価格が採掘コストを下回るケースが増大して、事業として成り立たなくなる。

　しかし、水圧破砕・水平掘削というシェール技術の革新が進行し、これが天然ガスそして石油の採掘に活用されてきた。過去7年間に米国の石油産出量は倍増した。米国は数年以内にサウジアラビア、ロシアを抜き、世界最大の産油国になると見られている。そして、シェールオイル生産の激増によって原油市場の需給構造が大きく変化した。

2014年半ば以降の新興国の資源需要の減少と、シェールオイル生産増大に伴う供給増加によって原油価格急落がもたらされたと考えることができる。

しかし、原油価格が急落すればシェールオイル生産が順次採算割れに追い込まれる。赤字操業となり、事業者の破綻も発生する。シェールオイル生産は減少する。

それでも、採掘技術の革新により、採掘コストは低下傾向をたどっている。採掘コストは、かつての1バレル＝100ドルから、現在では1バレル＝60ドル台にまで低下している。

2015年に入ってから、原油価格は1バレル＝40ドルから60ドルの水準で推移している。この水準では、米国シェールオイル生産事業者の多くは採掘継続困難な状況に追い込まれている。この生産減少が原油価格底割れを防ぐ防波堤になっている。

原油価格下落の影響

この原油価格下落と同規模の原油価格下落が1985年末から86年にかけて観察されている。いわゆる「逆オイルショック」と呼ばれた現象である。その後、1987年にかけて原油価格は反転上昇し、その中でグローバルな金利上昇圧力が発生し、株式市場に大規模な調整圧力が生まれた。第1章第3節で触れた。

原油価格が反転上昇するロジックは二つある。一つは世界景気が回復傾向を強めること。原油価格下落そのものが景気拡大誘導要因になる。この面の影響は、まだ顕在化していない。しかし焦点は中国だ。2004年から2013年にかけての10年間、世界の需要を牽引したのは中国経済、あるいはインド経済であった。

この中国経済が2014年後半以降、調整局面に移行しており、この中国経済が底割れするのか、それとも底入れするのか。原油需給に与える影響は極めて重要だ。

もう一つは地政学リスクの拡大である。第3章で考察するが、2014年以降、世界の地政学リスクが拡大した。ウクライナ危機、イスラム国の脅威が顕在化した。またシリア内戦が拡大している。2014年に原油価格が110ドル水準に上昇した背景に、イスラム国＝ISISの活動拡大があった。イラクの首都バグダッドを包囲する可能性が生じ、原油価格は上昇傾向を強めたのである。しかしISの勢力拡大は阻止され、その後に原油価格が急落した。

シリアでは内戦が続き、大規模な難民流出が大きな問題になっている。ウクライナ情勢は小康状態を取り戻しているが、緊張状態が解消したわけではない。尖閣諸島で日中が軍事衝突するリスクは極めて小さいが、中国の南沙諸島をめぐる領土拡大志向が、中国と米国の対立を高めつつある。2016年の原油市場動向を探るためには、地政学リスクの変化からも目を離せない。

第4節　ギリシャ危機はなぜ回避されたのか

ギリシャの動向と株価の動き

２０１５年の日本株式市場では2月から6月にかけて比較的穏やかな株価上昇が観測された。原油価格急落と消費税再増税延期を背景に、緩やかな日本経済改善が始動したこと、懸念要因だった米国の金融引き締め政策が、原油価格下落を背景に先送りされたことなどが背景だ。

ＴＲＩレポートは２０１５年年初から年央までの株価上昇を予測した。年前半は原油価格下落を背景に株価が上昇する可能性が高い。しかし、年後半は基本環境が変化するリスクがあるとした。年後半に顕在化したリスクは、原油価格の反転上昇ではなく、中国の波乱だった。

投資家は２０１５年の金融市場で苦労したと推察される。4月から5月の原油価格の一時的反転局面、6月から7月のギリシャ危機、8月以降のチャイナ・ショックが、相次いで表面化したからだ。的確な大局観と精密な投資技術なくしては、このジェットコースター相場を乗り切ることは難しかったと推察される。

最初の試練は5月初旬に訪れた。日経平均株価は2万円を越す水準から1万9200円台に急落した。原油価格が反転上昇し、米国金融引き締め観測が強まった。金利の反転上昇と株価の下落が同時進行した。

しかし、リスクは拡大しなかった。原油価格は1バレル＝60ドル台に反発したが、その後反落した。また、米国の4月雇用統計で弱い数値が示されたため、米国利上げリスクが後退した。

日経平均株価は6月に入って軟調に推移した。TRIレポートは6月15日号「金融引き締めギリシャ　原油リスクに目配り」でリスクへの目配りを要請した。

「ギリシャ国債がデフォルトになれば、ユーロ急落、欧州株価急落を通じて、株価下落がグローバルに波及する可能性が高い」と記述し、ギリシャ情勢に対する警告を発したのである。

ギリシャに対する金融支援をめぐり、ギリシャ政府とEU、ECB、IMFの交渉が行われていた。ギリシャに対する金融支援は、6月末には失効してしまうために、6月中の合意形成が不可欠であった。しかしながら、6月の中旬時点で、依然として交渉決着の見通しは立っていなかったのである。

この問題が6月から7月にかけて最大のリスクファクターになった。株価はギリシャ情勢をめぐり、二転三転したのである。

ＴＲＩレポート7月25日号の記述を示す。

「5月中旬にかけて、原油価格上昇の影響による内外金利上昇を受けて株価に下落圧力がかかった。しかしながら原油価格は上昇後、横ばい推移に転換し、リスクの拡大が回避された。5月8日発表の雇用統計が利上げを促進するものにはならず、原油リスクと米利上げリスクが後退した。この変化を受けて、株価は反発に転じたのである。

ところが6月に入ってから6月末を期限とするギリシャへの金融支援再開問題に対する警戒感が徐々に拡大していった。また6月5日発表の米国雇用統計で、雇用者数が前月比28万人の大幅増加になったことも、米利上げリスクを再浮上させる原因になった。日経平均株価はギリシャリスクに反応する形で弱含み推移を示したが、6月20日から25日にかけて、債権団との合意成立との観測が広がり、日経平均株価は２０００年4月の高値を突破したのである」

日経平均株価の２０１５年高値は、6月24日に記録された2万８６８円（終値）である。２０００年4月12日の2万８３３円を突破し、18年半ぶりの高値を記録した。

6月24日は水曜日。27、28日の週末にかけて、ギリシャと債権団との合意が成立するとの期待感が一気に広がった。

ＴＲＩレポート6月29日号は、6月24、25日に執筆したものである。レポートには「ギリシャと債権団との交渉決裂の場合、金融市場は大きな混乱に見舞われる。ユーロは急落し、他のユーロ加盟国の金融市場が揺さぶられる。この客観情勢がギリシャ政府の強硬姿勢をもたらしている面があり、債権団サイドが、この点を不快に思い、交渉決裂の道を選択する可能性が生まれる。金融市場は、最終的には交渉成立を前提として動いているように見えるから、想定が覆された場合の反応は大きくなる」と記述した。

ギリシャと債権団の合意が成立することを前提に株価が大きく上昇していたが、この局面では、逆に交渉が決着しなかった場合の反動に備えることが重要であることを指摘したのである。第7章で解説するが、現時点の株価が、ある大きな変化をすでに織り込んでしまっている場合、その変化が表面化したときに、さらに株価が変動する余地は小さい。

ギリシャと債権団の合意という「大きなニュース」への期待で、すでに株価が上がっているのだから、その現実が表面化した場合には、材料出尽くしになってしまう。しかも、ギリシャと債権団との合意はまだ成立していない。週末に事態が逆転する恐れがないとは言い切れない。これらの状況を総合的に判断するならば、現実の投資戦術としては、この時点で取引をいったん手じまいして、「利益」を確定することが賢明であると言える。

実際、この週末にギリシャと債権団との合意は成立しなかった。ギリシャ政府は、7月5日に国民投票を実施する方針を提示した。ギリシャ政府を率いるチプラス首相が変化球を投げた。

6月24日に高値をつけた株価は、週明けに急落した。週末を迎える前の手じまいが正しい選択だったのだ。

ギリシャ政府は7月5日に国民投票を実施する方針を提示した。7月5日は日曜日である。週明けの東京株式市場では、ギリシャと債権団との合意不成立を受けて株価が急落したが、その後、7月5日の国民投票でギリシャ国民が緊縮策を受け入れるとの見方が強まり、株価は再び反発した。

したたかだったギリシャ・チプラス首相

TRIレポート7月25日号に、こう記述した。

「株価は国民投票での緊縮策受け入れを想定して反発していたが、実際の結果がどうなるかを断定することはできなかった。このリスクを踏まえれば、週末はいったん手じまいの局面であったわけだ」

同じ変化が繰り返されている。国民投票が実施されたのは7月5日の日曜日。結果は、緊縮策ノーだった。期待は裏切られ、グローバルに株価は急落した。

この交渉過程でドイツを軸とする債権団は、ギリシャのデフォルトとユーロ離脱を辞さない考えを有していたと推察する。メルケル首相をはじめとするEU諸国は、ギリシャの左派政権、急進左派連合＝SYRIZAが主導するギリシャ・チプラス政権の存在そのものを歓迎していなかった。ギリシャをデフォルトに追い込み、チプラス政権を崩壊させることが目指されていたと推察される。この時点では、ハードランディング論が優勢だったはずだ。

ところが、市場観測がこの方向の推移を織り込み始めると、グローバル金融市場の反応が拡大した。株価急落が連鎖し、グローバル金融危機の様相が強まったのである。

この変化が支援策決定を強く促した。ギリシャのチプラス政権が債権団の要求をすべて受け入れた、ギリシャの全面譲歩、債権団の勝利というのは表向きの説明であって、実態は債権団が譲歩して交渉決裂を回避したのである。小国ギリシャのチプラス首相のしたたかさが際立った変遷《へんせん》だった。結局、ギリシャ支援策が継続され、6月7月波乱相場は収束した。

第5節　中国経済崩壊論の真贋

人民元切り下げが引き起こした世界金融大変動

日経平均株価は8月10日に2万808円の水準で引けた。6月24日終値の2万868円まで60円に迫った。6月高値を抜く公算が高まった。

ところが、8月11日の昼過ぎ、新情報が伝えられた。中国人民銀行が中国人民元の切り下げ措置を実施したのである。人民元切り下げは、8月11日から13日にかけて3日連続で実施された。日本のお盆休みのタイミングでの人民元切り下げだった。

直ちに反応したのは、日本の株式市場である。日本の株価上昇を牽引してきた柱が「インバウンド銘柄」であった。人民元上昇が中国人の訪日観光客を激増させた。1元＝12円の人民元円レートが1元＝20円に切り上がり、人民元の購買力が2倍近くに跳ね上がったためである。日本製品、日本訪問が割安になった。中国消費者の巨大な購買力が日本経済を支えることになった。中国人訪日客による「爆買い」が日本企業の収益を急拡大させた。これを反映して「インバウンド銘柄」の株価が急騰した。

人民元切り下げがインバウンド銘柄に冷水を浴びせた。インバウンド銘柄に主導されて日経平均株価が下落した。しかし、8月11日の週の変動は限定的だった。大きな波動は17日の週に訪れた。中国株価下落は、グローバルな株価連鎖安をもたらした。

詳細は第1章に記述したが、この金融変動の発信地である中国では、上海総合指数が8月18日の高値4006ポイントから、8月26日の安値2850ポイントへと1156ポイント、28・9%下落した。6月12日の高値5178ポイントからは、2328ポイント、45・0%の大暴落を演じたのである。

上海総合指数は、2009年8月に3478ポイントを記録して以来、丸5年の長期低迷を演じ続けた。その株価が2014年7月から2015年6月にかけて急騰したのである。中国人民銀行が金融緩和を段階的に実施し、この金融緩和を背景に投資資金が株式市場に集中的に流れ込んだのだ。

金融市場への人為的介入を行わないという原則を堅持しようとしたことが仇になったと言える。中国株価暴騰に対する当局の対応が後手に回った。ようやく2015年6月に信用取引規制が強化され、流れの転換が訪れたのである。

5000ポイントを超えた上海総合指数が3500ポイントの水準にまで下落した。その後、

400ポイントに向けて緩やかな反動高を示した。このタイミングで中国人民銀行が、人民元切り下げ措置を実行した。人民銀行の対応は、米国、日本、そしてECBが実行した金融緩和政策と同種同類のものであり、不当な政策対応ではなかったが、この措置が、キャピタルフライト＝資本逃避のリスク意識を呼び起こしてしまったのである。

同時に中国経済の急速な悪化懸念が浮上した。中国の6〜7％経済成長という公表数値は、信用できないとの見方が強まったことも株価下落を加速させる一因になった。

しかしながら、その後の内外市場推移を見ると、流布された中国経済崩壊論もまた、過大に振れた感が強い。まだ、予断をもって判定するべき段階ではないが、中国経済が底割れしないという可能性も念頭に入れておくべきであると考える。

見逃せない中国経済の大きな構造変化

李克強指数について触れた。現在、中国首相を務めている李克強が、かつて遼寧省の共産党委員会書記を務めていた2007年に、中国のGDP統計が信頼できず、電力消費、鉄道貨物輸送量、銀行融資の三つのデータを重視していると発言したことを、2010年に内部告発サイト（ウィキリークス）が公表した。これ以来、中国経済の実態を知るには、上記の三つの指標を重視することが重要であるとされてきた。

英国の調査会社は、この三指標をもとに中国経済の実態上の成長率を推計し、2015年の中国実質GDP成長率が2・8％。2016年は1・0％という数値を公表した。このことも中国経済崩壊論を補強する要因とされた。

しかしながら、中国においても日本、米国などの主要国と同様に、第二次産業のウエイトは低下し、第三次産業のウエイトが高まっている。付加価値ベースで第三次産業の比率が5割を越えており、製造業の動向だけで経済成長率を推計することは適正でないとも言える。李克強が三つの指標の重要性を指摘したのは2007年のことで、8年の時間が経過している。

中国経済の停滞は投資の停滞によってもたらされているが、個人消費は大幅増加を続けている。また、中国の道路網の発達で貨物輸送における鉄道の比重が低下している。

しかしながら、中国においても、所得、支出、生産の拡大循環を持続させるためには、個人所得の増加が持続することが必要である。所得分配における中低所得階層への傾斜配分が重要になるが、これまでのところ、この面での大きな政策進展は見られていない。

中国政府は、「ニューノーマル＝新常態」という言葉で、投資主導の経済構造を消費主導の経済構造へ移行させる方針を示しているが、過去の巨額不動産投資物件の遊休化が深刻さを増しており、構造調整期のある程度の経済低迷持続は避けられないと見られる。

2015年10月下旬に英国を公式訪問した中国の習近平主席は、中国経済が「ニューノーマル」に入ったとして、他の新興国経済と同様に、長期にわたる急成長を遂げた後の減速に耐える力を蓄えていると述べた。その上で「ハードランディングはない」と明言した。

これは予測ではなく、意志と見るべきである。中国経済をハードランディングさせないために、あらゆる政策対応を打ち出す意思を示したと受け取るべきである。

習政権は、「一帯一路構想」と連動するかたちでBRICs銀行創設、アジアインフラ投資銀行（AIIB）創設を進めてきた。インドネシアの高速鉄道受注競争では、最終的に中国が日本を打ち負かして受注を獲得した。周辺国のインフラ投資を促進し、そのインフラ投資に向けての中国生産能力の稼働率を引き上げることが目指されている。

中国が困難な経済局面に直面していることは事実だが、中国政策当局が中国経済を底割れさせないとの明確な意志を有している点を軽視するべきではないだろう。

第3章

地政学と為替市場の地殻変動

第1節　イラン核合意成立と中東地政学

イスラム主義とは石油利権を国民が奪還すること

イランの核開発問題に関するイランと6カ国（米、英、ロシア、中国、ドイツ、フランス）の協議は、2015年4月2日に原則合意が成立し、7月14日にウィーンで「包括的共同行動計画」として最終合意に達した。前章に既述したように7月20日に国連安保理で承認決議が採択され、90日後の10月18日に発効した。

安倍政権は集団的自衛権行使を容認するケースとして、ペルシャ湾が封鎖された際に、日本の自衛隊が機雷を掃海するケースを常に例示してきた。これは、イランと米国等の対立が激化して、イランがペルシャ湾のホルムズ海峡を封鎖することを想定したものである。

その米国とイランが敵対関係を解消する合意を形成してしまったのである。安倍政権の例示は滑稽《こっけい》なものになってしまった。

中東における大国は、イランとサウジアラビアである。20世紀初頭、イランで石油が発見された。イギリスはいち早くイラン原油の利権を独占的に支配し、莫大な利益をあげた。第二次大戦後、イギリスによって独占されてきたイランの石油利権について、公平な分配を求める声がイランで高まった。1951年にイラン首相に就任したモサデク氏は、イギリスと交渉したが難航し、ついに同年、石油産業の国有化を断行した。

これに対して英米の石油メジャーはイラン原油をボイコットする行動に出た。こうしたなか、英米の諜報《ちょうほう》機関がイランでのクーデターを挙行した。モサデク首相は失脚し、英米はシャー（国王）によるイラン支配を確立した。もちろん、傀儡《くぐつ》政権である。

この王政が1979年のイラン革命までイランを支配し続けた。傀儡政権は米国やイスラエルの支援を得て秘密警察を組織し、イランを暗黒支配した。

1978年1月、国外追放を受けてパリに亡命していた反体制派の指導者ホメイニ師を中傷する記事をめぐり、イラン国内で暴動が発生。暴動の犠牲者を弔う集会が拡大して、イラン各地で反政府デモと暴動が多発した。

国王勢力は軍を投入してデモ隊を鎮圧しようとしたが、軍の発砲によってデモ隊に多数の死者が出たことをきっかけにデモが拡大。1979年1月16日に国王は国外に退去。王政に終止符が打たれた。2月1日にホメイニ師が帰国して反体制勢力が政権を掌握。4月1日にイスラム共和国の樹立が宣言された。ホメイニ氏が提唱した「法学者の統治」に基づく国家体制が構築された。イスラム革命が成就したのである。

中東の石油産出国は、王族と欧米石油資本（メジャー）が石油利権を支配する構造を保持し続けている。ここに、イランが初めて風穴を開けた。イスラムの民衆が国家を支配し、石油資源を支配する。これがイスラム革命の基本構造である。

イスラムの世界を理解するには、二大宗派であるシーア派とスンニ派の宗派対立を念頭に置くことが必要である。イランの主要宗派はシーア派、サウジアラビアの主要宗派はスンニ派だ。しかし、専門家はシーア派とスンニ派の相違を野球のストライクゾーンの国ごとの違いにたとえる。教えに大きな隔たりがあるわけではない。ただ、歴史的な対立の経緯が根深い。

宗派の相違より重要な相違は、イスラム革命を樹立した国とそうでない国の相違だ。20世紀になって中東が国際紛争の焦点であり続けてきた最大の背景は、イスラエルがエルサレムの地に国家を建設したことと、中東が世界最大の石油産出地であることだ。

欧米の石油メジャーが、中東諸国の王族と結託して石油利権を独占支配し続けてきた。そのなかで、唯一、イランだけが国家の支配権と資源を民衆の手に取り戻した。このためにイランは欧米と敵対的な関係を余儀なく迫られ続けてきたのだ。

２０１０年にチュニジアで発生した民主化運動＝「アラブの春」は、エジプトにも波及した。その結果として、エジプトにおけるイスラム原理主義勢力であるムスリム同胞団が２０１２年

6月にムルシー政権を樹立した。エジプトにおいてもイスラム革命が成立したと評価できる。しかし、ムルシー政権は米国によってせん滅された。ムルシー政権は米国から距離を置き、ムバラク政権が確立した対イスラエル宥和《ゆうわ》の路線を見直す可能性もあった。さらに、イスラム革命が中東全体に波及すれば、欧米メジャーとアラブ王族による石油利権の独占支配体制が破壊されるリスクが高まる。これらを背景に、ムルシー政権は米国によってせん滅されたのだ。

36年ぶりに和解したイランとアメリカ

イスラム革命を成立させたイランが、秘密裏に核開発を行っている事実が2002年に暴露された。これ以来、イランと欧米諸国との対立が続いてきた。ジョージ・ブッシュ(子)大統領は2002年1月29日の一般教書演説で、北朝鮮、イラン、イラクの3国を「悪の枢軸」と表現して批判した。

2001年9月11日に米国で同時多発テロ事件が発生しており、ブッシュ大統領は「テロとの戦争」という看板を掲げた。米国は新たな仮想敵国として、北朝鮮、イラン、イラクを明示したのである。この延長上で、2003年に対イラク戦争が挙行された。

イランでは、2005年8月にアハマディネジャド大統領が選出された。欧米諸国はイランの核開発疑惑を重大視し、2006年以降、国連安保理が対イラン制裁措置を可決してきた。

制裁の影響でイランは深刻なダメージを受け続けた。原油生産量は過去最低水準に減少し、イラン経済は悪化。核開発計画も停滞した。

その後、2013年に保守穏健派とされるロウハニー大統領が選出され、これを起点にイランとP5+1、すなわち5つの国連安全保障理事会常任理事国にドイツを加えた6カ国との交渉が動き始め、2015年7月の合意成立に至った。

イランを最敵視してきたのがイスラエルである。イスラエルは米国主導の核協議合意を批判してきたが、オバマ大統領はイスラエルロビーの反対工作を振り切って合意を成立させた。

オバマ大統領は2009年1月の大統領就任演説で、イランに対して「もし握りしめた拳を開くなら、対話の手を差し伸べよう」と呼びかけた。オバマ政権は大統領任期2期目の中核目標にイラン核協議を位置付け、力を注ぎ続けたのである。

米国とイランの合意に反発したもう一つの中心がサウジアラビアだ。サウジアラビアは中東におけるスンニ派勢力を代表する中核国家である。同時に、米国の中東最大のパートナーだ。中東における米国の影響力を代理的に行使しているのが、イスラエルとサウジアラビアである。

イスラエルとサウジアラビアはイランとP5+1との合意形成に強く抵抗した。イスラエルとサウジは、イランの核武装を警戒しており、イラン核合意が成立するなら、スンニ派国家であるパキスタンから核兵器を調達し、核武装することを示唆する姿勢さえ示している。しかし、最終的にサウジは妥協した。いまも強硬姿勢を示しているイスラエルは孤立化している。

イランはシーア派が支配する国だが、イラクもフセイン政権の崩壊によってシーア派支配に転換した。イラクの人口構成ではシーア派が多数を占めるが、メソポタミアの時代からイラクはスンニ派が支配する国であり続けた。その構造が、歴史上初めて転換した。シリアのアサド政権はシーア派アラウィ派に属しており、イランと友好関係を維持している。

このほか、イエメン、レバノンでは、シーア派の反政府勢力が活動を展開しており、これらの反政府勢力がイランやシリアと深い関係を有する。このために、スンニ派国家の中軸であるサウジアラビア、およびイスラエルの利害を代表する勢力が、イラン核協議の合意成立を強く批判しているのである。

いずれにせよ、米国は1979年のイスラム革命以来36年ぶりに、イランと和解した。これがオバマ大統領が歴史的合意だとする背景だ。

軍事紛争の火種がくすぶり続ける中東

中東には、いま、シリア内戦とＩＳの台頭という二つの大問題がある。欧米陣営はシリアのアサド政権と敵対している。これに対して、ロシアやイランはシリアのアサド政権を擁護するスタンスを示す。東西陣営の対立も中東情勢を理解する一つの軸である。軸が何本もあって分かりにくいのが中東地政学の特徴だ。

シリアでは、米国が空爆を展開してシリアの反アサド勢力の自由シリア軍などを支援しているが、シリア政府が反ＩＳのスタンスを示している以上、米国の反アサド政権の姿勢は中途半端なものにならざるを得ない。

ＩＳは欧米諸国ともシリア政府、イラク政府とも敵対しているが、宗派的な基盤としてはスンニ派に属しており、すべてを敵に回しているとも言い難い面がある。シーア派国家のイランはＩＳと敵対しているが、これはＩＳ掃討を掲げるオバマ政権の政策方針と一致するものだ。

ＩＳの巨大化を支えている資金源は何かという問題がある。産油地帯を制圧して資金を獲得していると言われるが、それだけでは説明がつかない。資金的バックボーンがあると見られている。

ＩＳの宗教基盤がスンニ派であるため、サウジが資金源になっているとの見方がある。また、ＩＳはイスラエルを標的としていないとの指摘もある。サウジが資金源となり、ＩＳはイスラエルと通じている。こう考えると、多くの疑問が氷解する面があるのは確かだ。

イスラエルにとっては、イランの関心がＩＳに向くことは好都合である。また、ユダヤ資本が支配する軍事産業にとっては、定期的な戦乱発生は、必要不可欠なことがらである。米国は表向きはIS掃討を掲げるが、ISが存在しなければ、巨大な軍事プレゼンスを展開し続ける根拠が失われる点をも見落とせない。

東西の対立に視点を移すと、ロシアのプーチン大統領が、シリア、イランとの関係強化を重視するのは当然のことと言える。ウクライナで西側陣営と対峙するロシアのプーチン大統領は、シリア、イランだけでなくギリシャとの関係をも強化し、対ISの名目の下で、西側陣営に属するシリア国内の反政府勢力、NATO加盟国であるトルコとの緊張関係を強めている。

複雑な中東情勢を理解するには、宗派の対立、イスラム主義と王族&石油資本の対立、東西の対立、イスラエルとアラブの対立、そして軍産複合体の産業事情という五つの軸のすべてに照らし合わせることが必要不可欠である。

2015年10月31日には乗員乗客224人を乗せたロシアの民間旅客機が、エジプト東部のシナイ半島で墜落した。テロによる爆破墜落事件であると見られている。11月13日の金曜日にはフランス・パリで同時多発テロが実行され、少なくとも130名が死亡した。

2001年9月11日に米国で発生した同時多発テロは、その後の米国によるアフガン侵攻、イラク侵攻の根拠とされた。新たな中規模戦争実施の準備が進められていると見るべきだ。

2016年に中東を舞台に、中規模戦乱が展開される蓋然性《がいぜんせい》が高まっている。

第2節　ウクライナとギリシャ

ロシアの生命線ウクライナの地政学的価値

２０１３年末から２０１４年３月にかけてウクライナの政変が世界の耳目を集めた。ウクライナのヤヌコビッチ大統領が国外に脱出し、新政権が樹立された。国際社会はＩＳを国家として承認していないが、ウクライナの新政権は西側諸国によって正統政権であると承認された。正当な理屈よりも、政治の論理、政治の力学が幅を利かせている。

ウクライナはロシアにとっての生命線である。冷戦終結後、旧東側世界に属していた諸国が、西側の軍事同盟であるＮＡＴＯ（北大西洋条約機構）に加盟した。東側の軍事同盟機構はワルシャワ条約機構だったが、冷戦終結に伴って１９９１年７月に解散された。

その後、旧東側のブルガリア、ルーマニア、東ドイツ、ハンガリー、ポーランド、チェコ、アルバニアがＮＡＴＯに加盟した。ＥＵが膨張して、旧ソ連陣営は縮小の一途をたどってきた。

その中心国ロシアにとって、ウクライナは「最後の砦」だった。だからこそ、ウクライナに対する西側陣営の介入が積極化した。ウクライナ内部の反政府デモが2013年末に拡大し、これをきっかけにしてウクライナ政変が生じた。政変で樹立された政権を西側諸国は正統政権とするが、ロシアはクーデター政権であるとして承認しない姿勢を示した。

ウクライナ領土であるクリミア半島は、歴史的な地政学上の係争地である。ロシアにとってはかけがえのない南面の不凍港がここにある。ロシアの軍事戦略上の生命線であると言ってよい。ロシアはウクライナ情勢の変化を先読みして、クリミア半島の喪失を避けるため、政変勃発直後にクリミアを併合した。手続きとして住民投票のプロセスを踏んだ。

西側諸国は、ロシアの行動を批判したが、クリミアの住民の大多数はロシアによる併合を肯定していると伝えられている。ものごとの見え方は、見る角度によって変わる。ロシアの見方が正しく、米欧の見方が間違っていると決めつけることができないが、その逆もまた真である。

それぞれの国の歴史的経緯、事情によって、それぞれの国の「核心的利益」が異なる。ウクライナの政変は、デモが拡大する過程での死傷者発生が引き金になった。イラン革命とも類似する。しかし、その死傷者発生の経緯に多くの疑惑がある。デモ隊の自作自演で死者が出たとの指摘も存在する。

ウクライナのデモを主導した極右政党スヴォボダは、ナチスの正式名称「国家社会主義ドイツ労働者党」を下敷きとしており、創設当初のロゴデザインはナチスの鍵十字を基にしていた。

デモ参加者はレーニン記念碑を倒し、ナチス親衛隊（SS）と白人至上主義の旗を掲げた。ヤヌコビッチ大統領が大統領公邸から逃げ出した後、デモ隊は第二次大戦でドイツ軍と戦って死んだウクライナ人の記念碑を壊し、ナチス式敬礼と鍵十字シンボルを掲げたという。

この極右政党スヴォボダの幹部は、米国共和党重鎮のジョン・マケイン上院議員やヌーランド国務次官補とも近い関係を有していた。

ウクライナの政変の背後に米国の影が色濃く見え隠れする。米国は他国の国内政治に介入し、各種の工作活動によって、多くの国の政権転覆を図ってきた。米国が善でロシアが悪、という評価はあまりにも表層的に過ぎる。

冷戦終結から四半世紀の時間が経過したが、いまなお東西の対立は厳然として残存している。

2014年の主要8カ国首脳会議（G8サミット）は、6月4日からロシアのソチで開催される予定だったが、ウクライナ問題が生じたため、ロシアを排除してベルギーのブリュッセルで開催された。東西融合の体制は崩れ、ロシアが敵対する位置に追いやられた。

そのロシアが中国、インド、ブラジルなどのBRICs諸国と連携を深め、中国が設立したAIIB、アジアインフラ投資銀行に積極的な関与を示す。ユーラシア大陸では、面積のおおむねを占めるロシアと中国が急接近している。新しい冷戦構造が生まれているとも言える。

こうした対立や緊張の拡大の背後に見え隠れするのが、軍産複合体の経済事情だ。軍産複合体によって必要なのは戦乱である。彼らは、戦乱を引き起こすプロセス、理屈付けを必要としている。緊張や対立は、あるいは人為的に創作されているのかも知れない。この視点が重要だ。

再燃したギリシャ危機

2015年6月から7月にかけて表面化したギリシャ債務危機問題にも、東西対立が重要な影響を与えたと考えられる。

2009年10月に誕生したギリシャのパパンドレウ政権は、ギリシャ財政赤字に関する前政権の数値改竄《かいざん》を暴露した。GDP比4%程度とされていたギリシャ財政赤字が、13%に膨張しており、政府債務残高がGDP比113%に上っていることが明らかにされた。これを契機に第一次ギリシャ危機が発生した。そして、この問題がアイルランド、ポルトガル、スペイン、イタリアなどに波及した。

EUの対応は後手に回ったが、2011年11月に欧州金融安定基金拡充などの包括戦略が合意され、欧州安定メカニズムの前倒し運用も決定されて、金融不安が鎮静化した。

ところが、2015年に入って、緊縮政策に反対する急進左派連合=SYRIZAが政権を樹立して、EUとの対立が再び表面化した。

2015年1月のギリシャ議会総選挙を経て、弱冠40歳のSYRIZA党首アレクシス・チプラス氏がギリシャ首相に就任した。SYRIZAは強制された緊縮政策に終止符を打つことを公約に掲げたため、IMF、EU、ECBの債権団が求める緊縮政策をはねつけた。この流れのなかで、金融支援継続に関する協議が2015年6月末に向けて展開された。

その後の経緯は第2章に詳述したとおりである。最終的にチプラス首相は緊縮策を受け入れ、金融支援が継続されることになった。しかし、決定に対する政権内部での批判が強まった。チプラス首相は2015年8月中旬に辞意を表明し、9月に総選挙を実施した。選挙で負ければ退場が確定する。乾坤一擲《けんこんいってき》の勝負に打って出たが、チプラス首相は選挙に勝利した。SYRIZA内部の緊縮策否定勢力と決別して政権を維持したのである。

ギリシャ債務問題は未解決のまま

対ギリシャ交渉で、ドイツ・メルケル首相を中心とする債権団幹部は極めて強硬な姿勢を示した。彼女らの本音は、チプラス政権のせん滅誘導だったと思われる。危機に乗じて緊縮財政、市場原理重視、民営化、規制撤廃を強要する。左派政権をせん滅し、民営化で国有財産の収奪を図る。ナオミ・クラインが提示した「ショック・ドクトリン」の究極の狙いである。

クレジット・デフォルト・リスク

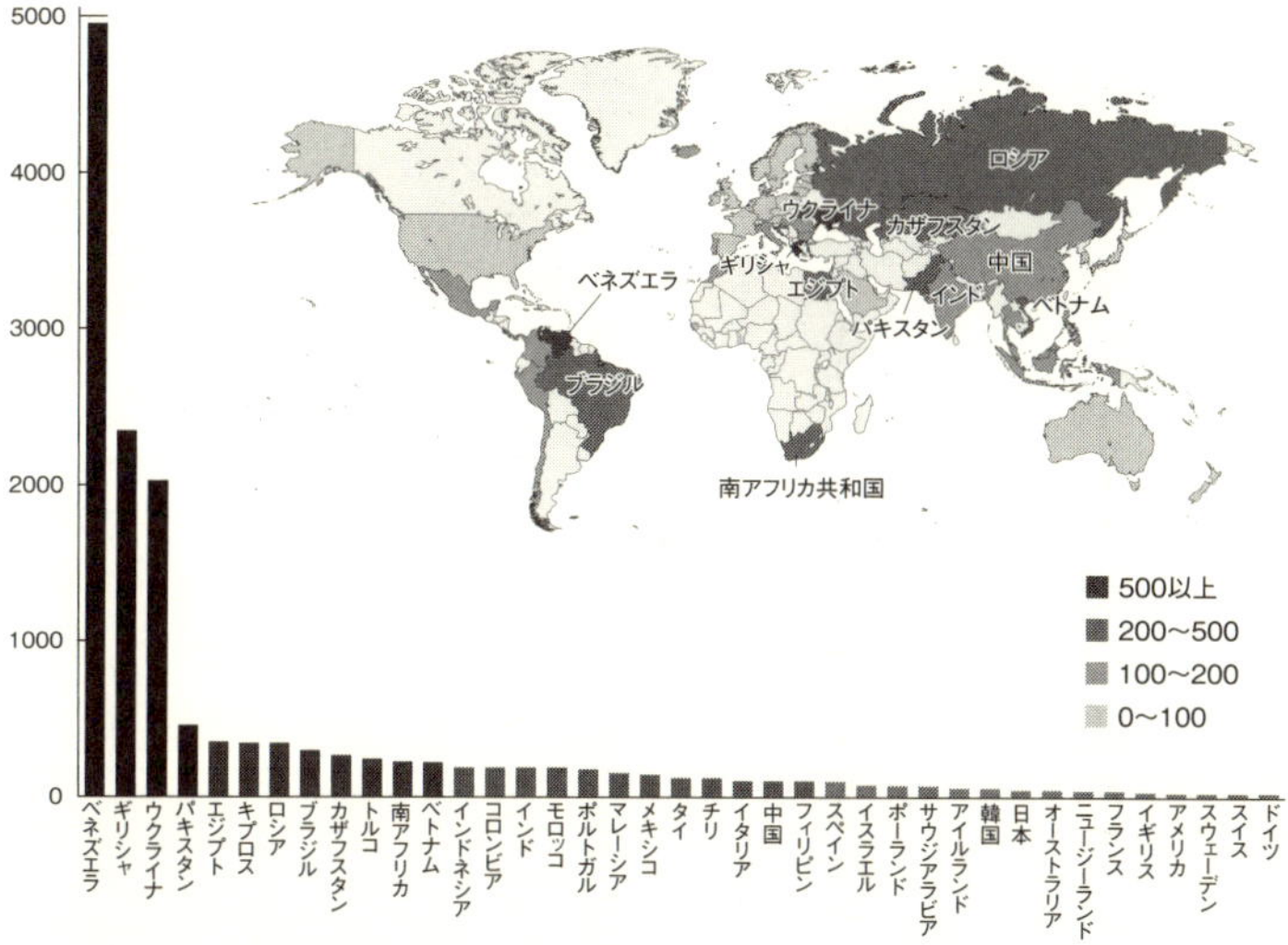

出典：Mapping Worlds, Bloomberg

ギリシャ政府と債権団との交渉では、財政赤字削減方法をめぐって意見対立があった。チプラス政権は富裕層や法人への課税強化を主張したが、債権団はこれを認めず、社会保障支出圧縮を求めた。経済危機に乗じた内政干渉の実態が鮮明に浮かび上がった。

債権団はギリシャ・デフォルト、ユーロ離脱を辞さない姿勢で交渉に臨んだ。チプラス政権の崩壊を目論んだと見られる。

この攻勢に対し、チプラス首相は7月5日の国民投票実施を提案して時間を稼いだ。国民投票は緊縮財政を否定し、金融市場が動揺したが、一番動揺したのは債権団の側だった。

結局は債権団の側がギリシャ支援継続を選択せざるを得なくなったのである。

だが問題は残存している。債権団はギリシ

ャ金融支援を再開したが、ギリシャの債務を免除しなかった。債務の減免なしにギリシャ債務問題は解決しない。ギリシャのGDP規模は、すでにピークから3割も減少している。若者の失業率は50％を超えている。

経済悪化局面での緊縮財政は経済を殺す政策対応である。経済を殺して、収奪を図ることが目的であるから、このような施策が強要されるのである。

一国経済の健全化を目標に据えるなら、債務を減免して経済再生を促すことが適正な政策になる。チプラス政権は驚くほどしたたかな対応を示しているが、いずれギリシャ債務問題は再度深刻な局面を迎える。ハゲタカの今後の対応を注意深く監視する必要がある。

第3節　もはや円安ではない為替市場

日本円はすでに反転上昇を始めている

為替の動向を考察する際、多くの人がドル円レートだけを注視する。ドル円は2012年11

ドル／円5年チャート

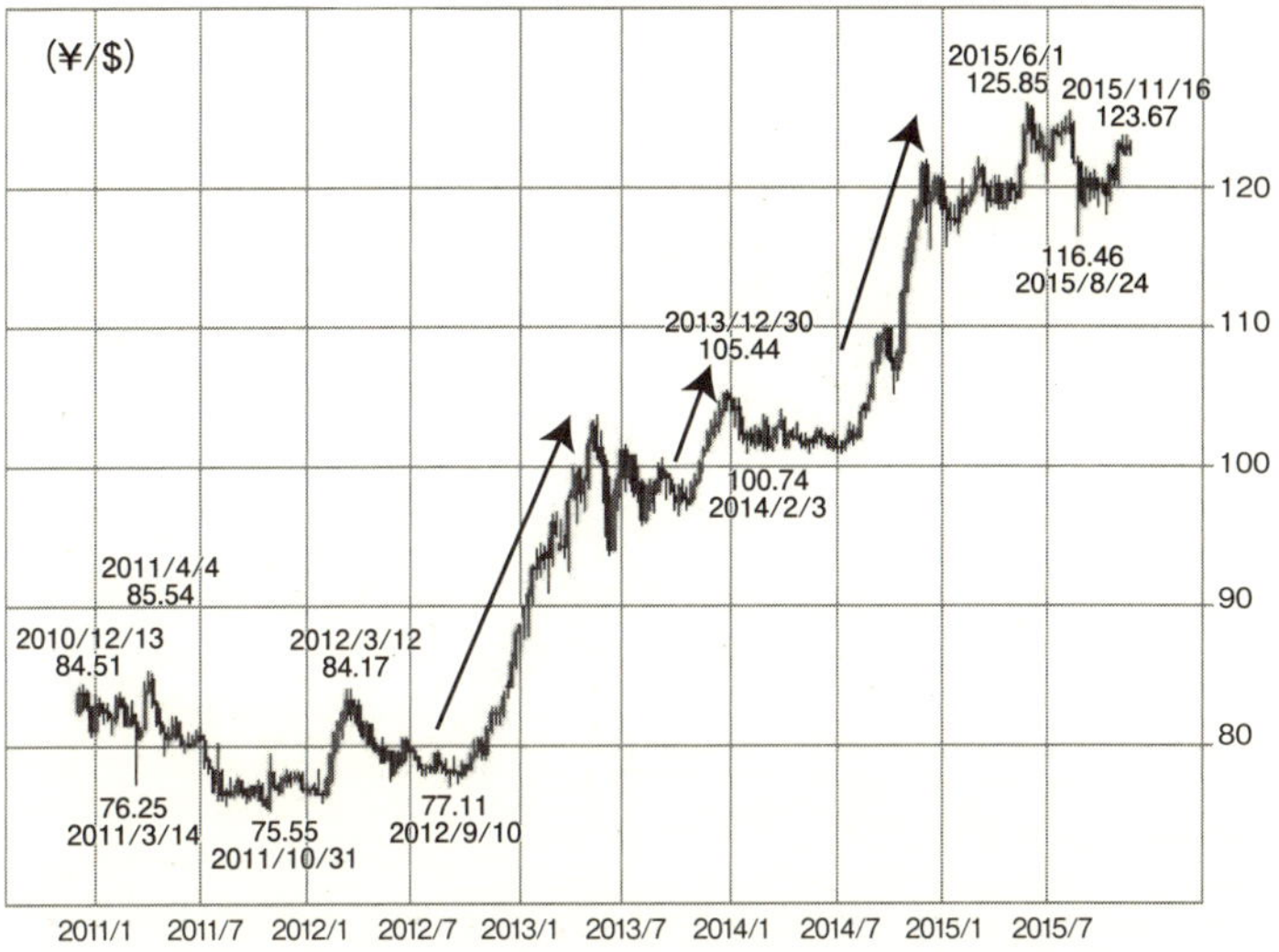

日経平均5年チャート

FFレートとドル実効為替レート

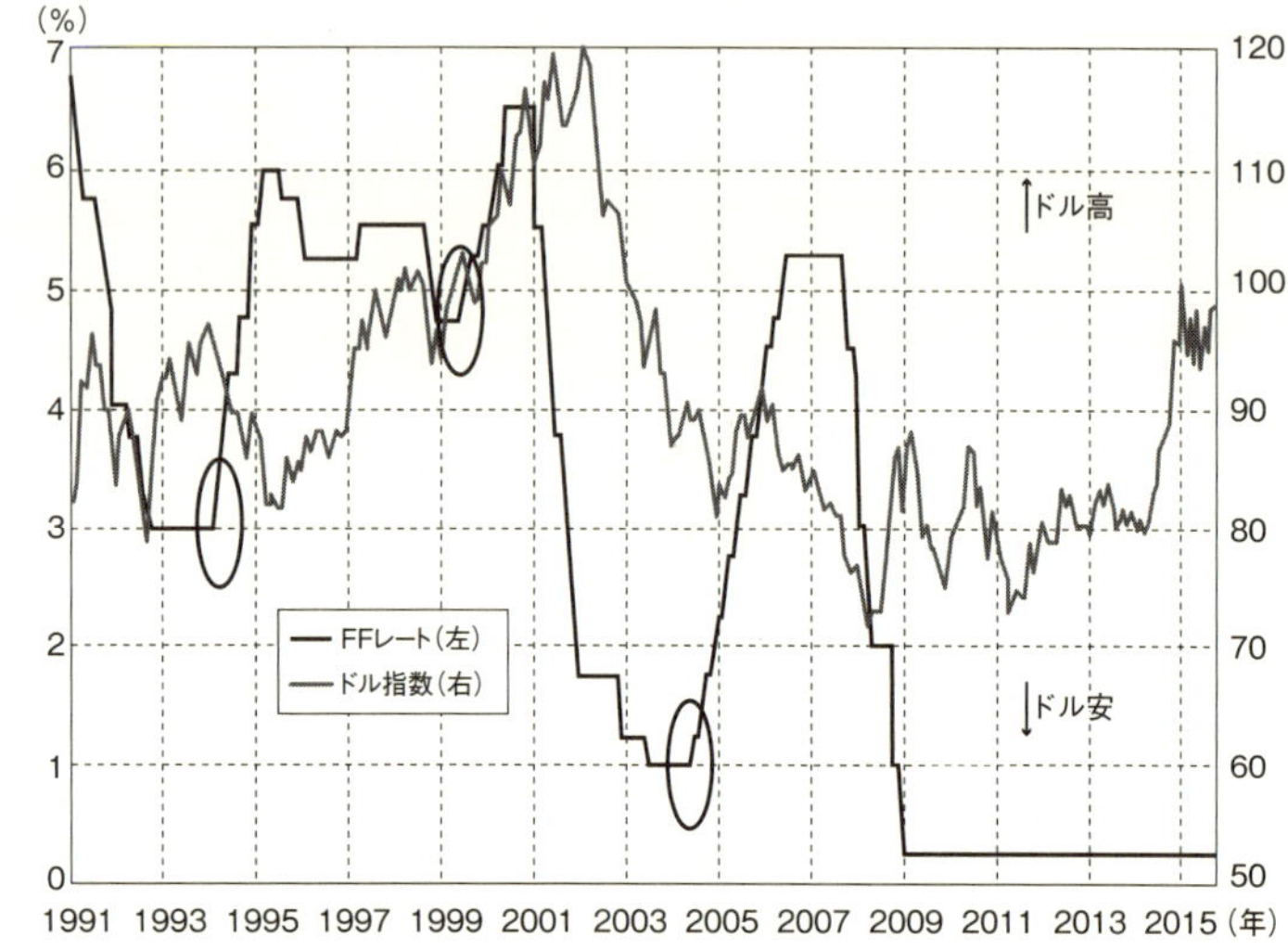

出所：Bloomberg、FFレートは誘導目標、ドル指数は対主要6通貨レートを指数化したもの

月以降のドル高、円安の流れの延長上にある。1ドル＝78円が、1ドル＝125円になった。2007年6月の1ドル＝124円の水準に肩を並べた。

そして、円安に連動して日本株価が大幅に上昇した。日経平均株価は8664円から2万868円にまで上昇した。しかしながら、すでに重要な変化が始動している。

日本円は、すでに、ロシアルーブル、ブラジルレアル、南アフリカランドに対して、大幅上昇に転じている。豪ドル、カナダドルに対しても同じである。

ルーブルは対円で5割、ブラジルレアルは33%、南アランドは2割下落した。すでに大幅円高が進行している。円安推移が続いているという判断はすでに現状で間違っている。

ルーブル／円

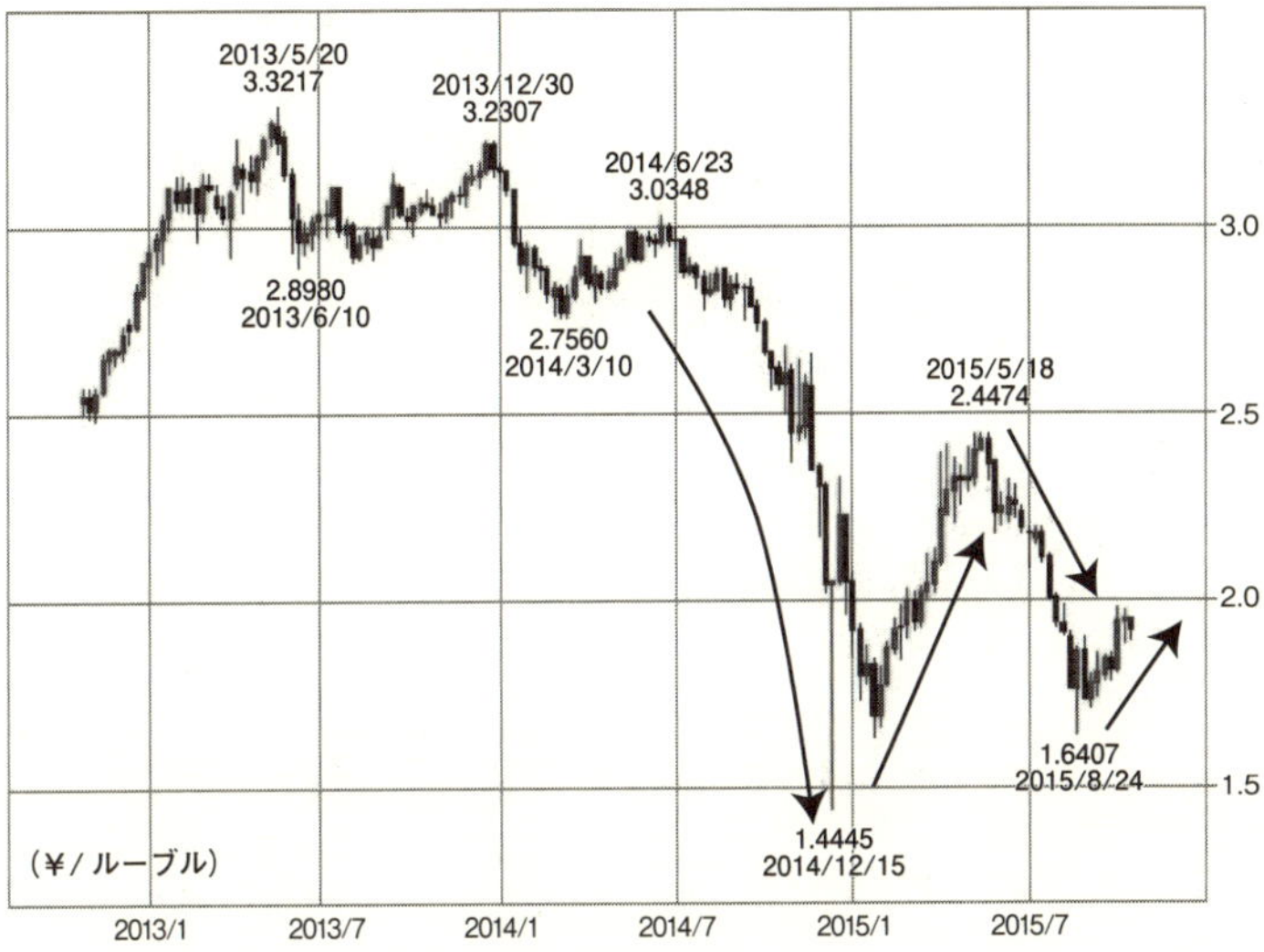

南アランド／円

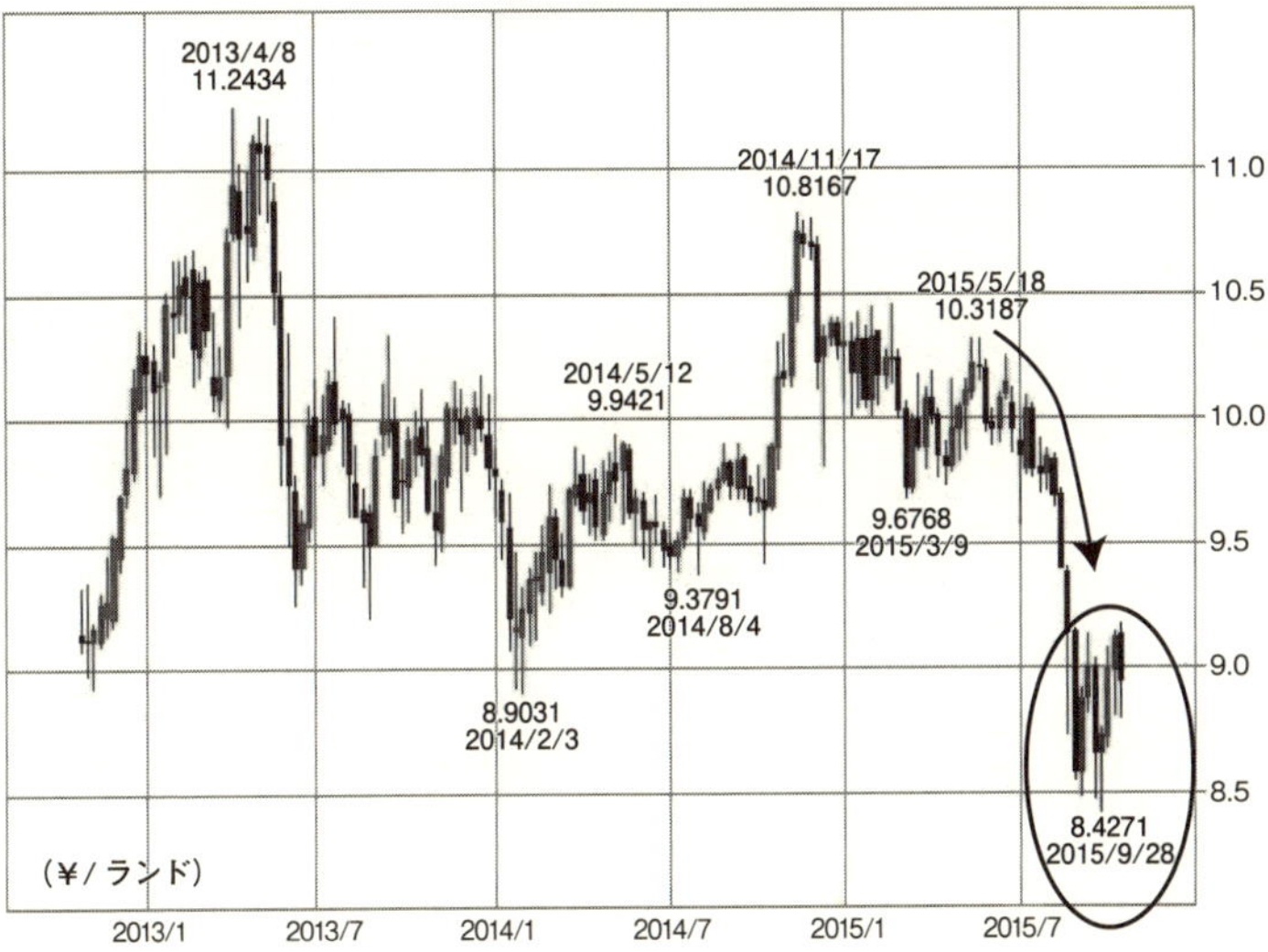

米国の金利引き上げがドル高をもたらすと思われやすいが、過去の事実はこれも否定する。

1990年代以降の3度観察された利上げの局面でドル高が進行したのは、1999年の一度だけだ。米国利上げがドル高をもたらすとは限らない。

イギリスの経済誌エコノミストは、年初にマクドナルドのビッグマックを用いた為替指数を発表する。これで、ビッグマック価格で計算できる購買力平価が分かる。2015年初の時点で、ドル円とユーロ円の購買力平価は1ドル＝77・2円、1ユーロ＝101・6円だった。

OECDの算定では、ドル円の購買力平価は1ドル＝100円である。つまり、ドル円の水準は購買力平価を基準に考えると、円安に振れ過ぎているということになる。

考えうる円高ドル安のシナリオ

為替変動に影響する要因は多種多様にある。一般的に重視されるのは内外金利差と経常収支の変動だ。お金は金利の低い所から金利の高い所に向かって流れる傾向がある。重要であるのは実質金利の水準だ。実質短期金利の高い国の通貨は上昇しやすい。

日本では名目短期金利がほぼゼロだ。インフレ率は2013年から14年にかけて1・5％水準に上昇したが、いまはゼロ％だ。このことは、日本の実質短期金利が1・5％上昇したこと

を意味する。これは円高・ドル安の要因になる。

過去10年の推移を見ると、ドル円レート変動に最も強く影響を与えたのは、米国長期金利だ。アベノミクス始動時に円安・株高が急進行した最大の背景が米国長期金利上昇だった。２０１４年以降は、米国長期金利が上昇していないのにドルが上昇した。これは、利上げ観測の強まりを背景としていると考えられる。つまり、利上げ実施を米ドルレートがすでに織り込んでしまっていると考えられるわけだ。そうなると、利上げ実施は、逆にドル安のきっかけになりやすい。いわゆる「材料出尽くし」と受け止められるからだ。

また、円資金を借りてドル金利で運用する「キャリートレード」の利益を確定するには、

FFレートと米10年国債

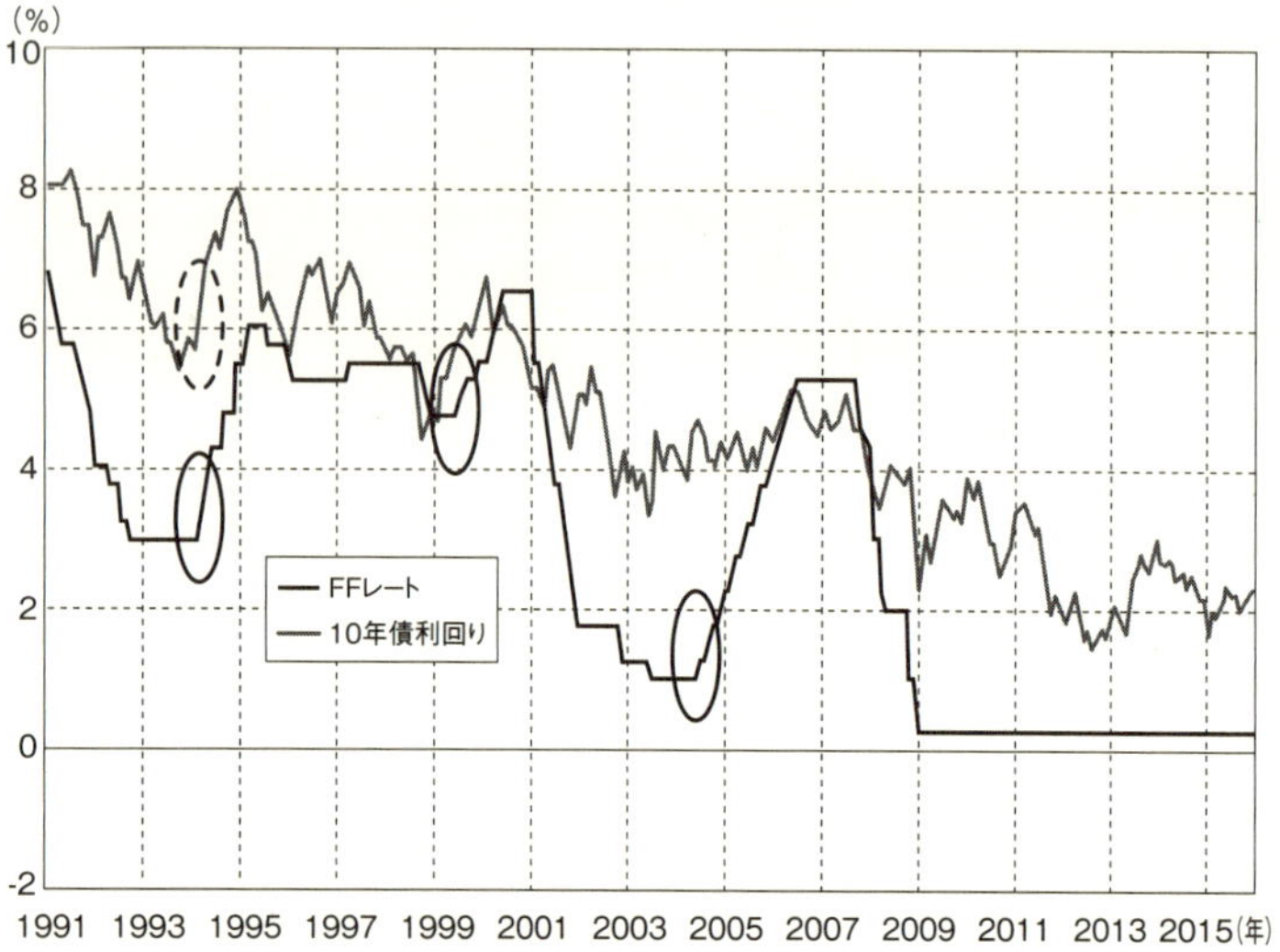

出所：Bloomberg、FFレートは誘導目標

最後にドルを売って円に戻す必要がある。ドルが下落し始めたとの判断が広がると、円買い戻しの動きが一気に広がる。これを「円の巻き戻し」と呼ぶが、その発生の可能性がある。

日本を訪れる外国人旅行者増加の背景は円安進行である。外国人の自国通貨の購買力が日本で急上昇した。円高に転換すると流れが変わる。訪日客減少、訪日客の消費減退も発生し得る。

為替レートの方向転換は、とりわけ輸出製造業の利益に重大な負の影響を与える。逆に、輸入比率の高い企業はメリットを受ける。株式市場での浮沈が逆転する可能性を想定しておくことも重要になるだろう。

アメリカと中国経済が日本株再浮上のカギ

適正な株価水準を考察する際に注視しなければならない最重要の指標はＰＥＲ＝株価収益率である。株価が1株利益の何倍であるかを示す。その逆数が株式の益回りだ。1株利益が株価の何％に相当するかを示す。

適正な株価水準は、その時点の債券利回りを基準に、株式の利回りがどの水準であれば適正であるかという視点で考察できる。２０１５年12月時点の日本10年国債利回りは約０・３％。株式はリスクの大きい資産であるから、投資家は例えば４％の利回りを求めるだろうとの前提を置く。この場合、株式の適正なＰＥＲは25倍ということになる。

２０１５年12月２日の日経平均株価終値は１万９９３８円で、ＰＲＲは16・99倍。ＰＥＲが25倍の日経平均株価は２万９３３８円になる。日本株価には大きな上昇余地が残されているということになる。前提条件は、企業利益が急減少しないことだ。

２００７年から２００９年にかけてのサブプライム金融危機に伴う不況で、日本の上場企業の経常収益が１年で３分の１にまで激減した。この場合には、ＰＥＲを同じ25倍と設定しても、適正株価の水準も３分の１になってしまう。日経平均株価９７７９円が妥当値になる。

東証株価指標

株価収益率（連結決算ベース）　（2015年12月2日現在：日経平均株価19,938円）

項目名	前期基準	予想
日経平均	17.21倍	15.71倍
JPX日経400	17.08倍	16.19倍
日経300	18.03倍	16.46倍
日経500平均	18.24倍	16.74倍
東証1部全銘柄	18.39倍	16.99倍
東証2部全銘柄	17.94倍	16.04倍
ジャスダック	23.23倍	19.35倍

株式益回り（連結決算ベース）　（益利回り4%=PER25倍相当日経平均株価：29,337円）

項目名	前期基準	予想
東証1部全銘柄	5.43%	5.88%

東証株価指標

日本株価が2万円を大幅に超えていないのは、先行き景気急落リスクが警戒されているからであるとも言える。2016年に向けては、中国リスク、消費税増税決定リスクを見定める必要がある。経済が上振れする場合には、株価上昇後の1997年のブラックマンデー型調整を警戒すべきだ。

2016年のリスクファクターとしては、中国リスク、消費税増税決定リスク以外に、為替の円高反転リスク、米金利上昇リスク、世界の地政学リスクを念頭に入れておくべきだ。

最重要の政策判断事項は2014年に引き

続き、消費税再増税問題だ。増税再延期の可能性を含めて、選挙との関わりのなかで見極めることが必要である。

第4節　為替・株価連動関係の転換

円安と日本株上昇は必ずしもリンクしない

2012年から2015年までの金融市場変動の最大の特徴は、ドル円レートと株価の強い連動関係にあった。円安進行に連動して株価が上昇したのである。この関係は2004年4月以降一貫して観測されてきた。このため、株価動向を洞察する上で、ドル円レート変動を読むことが極めて重要であり続けた。

しかし、この連動関係が常に成り立つものではないことに、十分な留意が必要だ。ドル円と日経平均の推移を並べたチャートは、両者の連動関係が2004年4月以前と以後で真逆になっていることを示している。2004年4月以前は、円高の局面で株価が上昇した。円安下で株価は下落したのである。これが、２００４年４月以降に劇的に転換した。２００４年４月以前と述べたが、その起点は１９９６年６月である。驚くべき連動関係の大逆転が生じた背景は何か。興味深い謎解きである。

筆者の仮説は次のものだ。96年から04年をA期間、04年から15年までのB期間として説明しよう。A期間の株価変動をもたらした主因は政策変化だった。とりわけ、財政政策スタンスの転換が大きかった。しかし、B期間では政策が大きな変動を示すことが少なかった。あえて挙げれば２００９年春と２０１３年春の大型補正予算編成だ。ごく短期間だが、２００９年は円高進行下で株価上昇が観察できる期間があった。２０１３年は財政政策よりも円安誘導政策が重視されていた局面である。

A期間では、財政政策の変化が株価変動をもたらす主因だった。起点は96年6月の増税方針決定。ここから株価下落が始動した。98年10月に小渕政権が積極財政を打ち出して株価が上昇に転じた。２０００年４月は小渕首相が倒れ、財務省路線に乗る森喜朗政権が発足して株価が下落に転じた。

A期間においては、いわゆるマンデル・フレミング理論に沿う為替変動が生じたとも言える。96年から98年の緊縮財政が円安をもたらし、98年から２０００年にかけての積極財政が円高をもたらした。２０００年４月以降は再び緊縮財政が円安をもたらした。マンデル・フレミング理論と齟齬《そご》するのは、円高でも景気拡幅や株価上昇が阻害されなかったことだ。

その後、2002年以降に円高回帰が観察されるのは、小泉政権が結果として大型補正予算編成に追い込まれたからであるとも言える。

これに対してB期間においては、因果関係が逆転する。基本として為替レートの変動が先に生じ、それに連動した企業収益動向の変化を反映して、株価が変動したと理解できるのだ。既述したように、2012年11月以降は、財政政策を発動したが、前面に掲げられた政策が、金融緩和による円安誘導政策であり、この円安進行による輸出企業収益拡大と財政政策効果があいまって株価が大幅上昇したと理解することができる。

消費税再増税が株価下落の引き金になる

2016年の金融変動においては、B期間の為替と株価の連動関係が、どこかの時点で成立しなくなる可能性を念頭に入れておくべきだ。当面は、米利上げに伴う円安と日本株価上昇の連動関係が残存するかも知れない。しかし、その後のドル円レートは円高に回帰しやすくなるだろう。その際に、必ず株価が下落するとは言い切れない。

安倍政権は2016年1月4日に召集される通常国会に補正予算案を提出する。3・3兆円規模の補正予算となる見通しだ。この規模では景気を支えることはできない。円安の進行下で株価が下落する事態も想定し得る。

警戒を要するのは消費税再増税の決定だ。2017年消費税再増税を決定すると、円安傾向の下で株価が下落するという事態が想定される。逆に、増税再延期を決定すれば、円高下での株価上昇が生じることも想定できる。

日本経済を回復軌道に誘導することを重視するなら、緊縮財政政策を強行するべきでない。そして、景気支援政策は、利権バラマキによらず、中低所得者の所得と社会保障の拡充だけに充当するべきである。これが、マクロとミクロの双方において適正と言える政策になる。日本経済を復活させる条件は経済政策をこの方向に大転換することだ。

2016年の金融市場変動においては、為替と株価の連動関係が崩れる、デカップリングの可能性を念頭に入れておくべきことを強調しておきたい。

第5節　日銀の敗北

インフレ誘導に失敗した日銀

2012年12月に誕生した第二次安倍政権は、アベノミクス第一の矢として、金融緩和推進によるインフレ誘導を掲げた。しかし、これに失敗した。

安倍政権は黒田東彦氏を日銀総裁に起用し、副総裁にリフレ派の論客とされた岩田規久男氏を起用した。岩田規久男氏は、2年後に消費者物価上昇率を2%にまで引き上げることができなければ、職を辞すことを、国会の答弁で明言した。

しかし、この公約は実現しなかった。しかし、岩田規久男氏はまだ辞任していない。副総裁の椅子はそれほどまでに座り心地が良いのだろう。しかし、この行為によって金融政策運営に対する信頼は完全に地に堕ちてしまった。

金融緩和によるインフレ誘導という政策方針は、二つの面で完全に間違っていた。一つは政策の実現可能性が確保されていないこと。いま一つはこの政策方針自体が間違っていたことだ。

安倍政権は日銀人事にまで介入し、インフレ誘導の政策を推進することを宣言した。しかし、インフレは実現せず、インフレ誘導政策が間違った政策であることが明らかになった。

2015年9月の消費者物価上昇率は前年比0・0%で、インフレ率を前年比2%以上にするという公約はまったく実現しなかった。ただし、これは国民にとっては不幸中の幸いだった。インフレ率が上昇していた時期はインフレの分だけ実質所得が減少した。主権者は、より深刻な状況に追い込まれた。

インフレ誘導が失敗して、インフレ率がゼロに回帰したために、労働者の賃金伸び率が、ようやくプラスに回帰しつつある。「アベノミクスが失敗して国民は助かった」というのが実情だ。インフレ誘導は企業に利益を付与する政策であり、労働者、消費者、生活者には不利益を付与する政策なのである。

インフレ率を引き上げるためにはマネーストックが増大する必要がある。金融緩和政策が、金融機関の与信活動を活発化させてマネーサプライ、マネーストックが増大する必要がある。しかし、現実には量的金融緩和措置がマネーストックの増大を引き起こさなかった。したがって、インフレも誘導されなかったのである。リフレ派の主張は、現実によって否定された。

インフレが誘導され、経済活動が活発化し、経済成長率が高まれば、庶民の賃金が増大し、ウィン・ウィンの関係が生じるというのがリフレ派の主張だったが、このトリクルダウン仮説も否定された。「トリックで国民がダウン」の仮説だったのだ。

封じられる日銀の円安誘導

2015年7－9月期のGDP成長率はプラスに転じたが、日本経済の超停滞は隠しようがない。

最大の要因は家計所得の伸び悩み、とりわけ、中低所得者層の所得低迷である。消費市場で唯一活発化したのは外国人訪日客の消費だが、これは輸出の一変形である。また、円安が日本の輸出を増大させるとの想定も現実によって否定された。

企業は為替レート変動リスクを除去するために、生産拠点を海外に移転させた。消費地立地で為替リスクを排除する戦略が採られたのである。このため、円安でも輸出数量は増えない。

こうしたなかで、2015年6月10日の衆議院財務金融委員会で、黒田東彦総裁が重大発言を示し、為替市場が大きく揺れた。黒田氏は「実質実効為替レートでは、かなり円安の水準になっている」、「ここからさらに、実質実効為替レートが円安に振れるということは、普通に考えればありそうにない」と発言した。この発言で1ドル＝124円から1ドル＝122円への円高が生じた。

円安を誘導してきた日銀総裁が、円安を阻止する発言を示したのだ。発言の真意について、多くの憶測が飛び交ったが、筆者はTPP交渉との関連を指摘した。TPP交渉で、米国議会が他国の自国通貨切下げ誘導政策を禁止することを、TPPに盛り込むことを要求している。オバマ大統領はTPPに関する包括的交渉権＝TPAを議会に付与されたが、そのために、議会と交わした条件の一つが為替条項である。

これが背景にあって、黒田総裁は日本の円安誘導疑惑を否定する必要に迫られたのだ。安倍首相はTPP交渉妥結を米国に指令されており、そのために黒田氏が口先介入したのだろう。

安倍政権は2016年1月4日に通常国会を招集する。これに合わせて、2015年度補正予算案、2016年度当初予算案が決定される。

これと同時期に、日銀は12月18日に日銀政策決定会合を開く。追加金融緩和政策決定が期待されているが、円安誘導できないという制約下では、大きな措置を示すのは難しいだろう。日本株式、REIT市場への資金配分増額を打ち出す可能性はあるかも知れない。

2015年6月の黒田発言以降、ドル円相場に125円という節目が出現したことを念頭に入れておくべきだ。ドル売り好機の可能性があると判断するべきで、日本政府は保有米国国債を早期に売却するべきである。

第4章

イエレン議長の苦悩

第1節　利上げの作法

12月ＦＯＭＣで利上げ着手か

バーナンキ前ＦＲＢ議長が量的金融緩和縮小を示唆したのは、２０１３年5月のことである。バーナンキ・ショックとして知られる。

２００9年3月、ニューヨークダウは６５００ドルの水準まで暴落した。米国の巨大金融機関がすべて破綻の危機に直面した局面であった。ＦＲＢは無制限・無尽蔵の流動性供給で対応した。１９９０年代の日本のバブル崩壊に伴う不良債権問題と本質的に異なるのは、金融危機発生の根源がデリバティブバブルの崩壊にあった点だ。

デリバティブの想定元本は６００兆ドルを突破した。その1％が損失となったとしても6兆ドル。1ドル＝１００円で換算しても６００兆円の損失になる。

ＦＲＢは金融機関の破綻連鎖が広がらぬよう、無制限・無尽蔵の流動性供給を選択した。しかし、公的資金による金融機関救済を正当化するためには、いけにえを献上する必要がある。

そのいけにえに選ばれたのが米国第4位の投資銀行、リーマンブラザーズだった。リーマンブラザーズを破綻させた結果として、「金融機関の連鎖倒産が広がれば金融恐慌に突入する」との脅しが効いた。金融機関救済が実行されていった。

ＦＲＢは金融危機を回避するためにゼロ金利政策を実施するとともに、膨大な資産購入に突き進んだ。その中心は米国債であったが、資産担保証券＝ＭＢＳも大量購入した。ＦＲＢの資産規模は1兆ドルを下回る水準から、4・5兆ドルへと急膨張した。

このことは、ＦＲＢが巨大リスクを抱え込んだことを意味する。金利上昇は債券価格下落のことである。不動産価格下落はＭＢＳ時価下落に直結する。ＦＲＢは金融危機回避と引き換えに巨大リスクを背負うことになった。

バーナンキＦＲＢ議長が量的金融緩和縮小を示唆した２０１３年5月から2年半の時間が流れた。当初は、２０１３年中の利上げ着手さえ想定されたが、２０１５年12月まで利上げは行われずにきた。２０１４年2月にバーナンキ後継者としてＦＲＢ議長に就任したジャネット・イエレン氏は、極めて慎重な政策運営を示している。

1カ月半に1度のペースで開催される政策決定会合＝ＦＯＭＣの声明における表現が段階的に変化してきた。ＦＲＢは２０１５年3月18日のＦＯＭＣで、利上げまで「忍耐強くいられる」という表現を削除した。これによって、利上げ実施がスタンバイの体制に移行したと判断された。しかし、その後も利上げは実施されぬまま、2015年12月FOMCを迎えることになった。

FRBは2015年10月28日のFOMC声明で、家計支出と企業設備投資について、「堅調に増加(increasing at solid rates)」の表現を用いた。前回の利上げ着手は2004年6月だったが、その直前のFOMCで景気表現について“solid”が用いられたことから、利上げの発射台が用意されたと理解されている。

FRBは9月のFOMCでの利上げ着手を想定していたとも見られるのだが、8月中旬にチャイナ・ショックが発生し、さらに、9月4日発表の8月雇用統計で雇用者増加数が17・3万人に留まり、9月利上げが見送られた。そして、10月2日発表の9月雇用統計でも、雇用者増加数は14・2万人に留まった。原油価格低迷が持続したこともあり、FRBは10月28日FOMCでも利上げを見送ったのである。

しかし、グローバルにチャイナ・ショックの修復が進み、11月6日発表の10月雇用統計で、雇用者数が27万人増加したため、いよいよ12月15－16日FOMCで、利上げが実施される公算が高まりつつある。

米国雇用統計

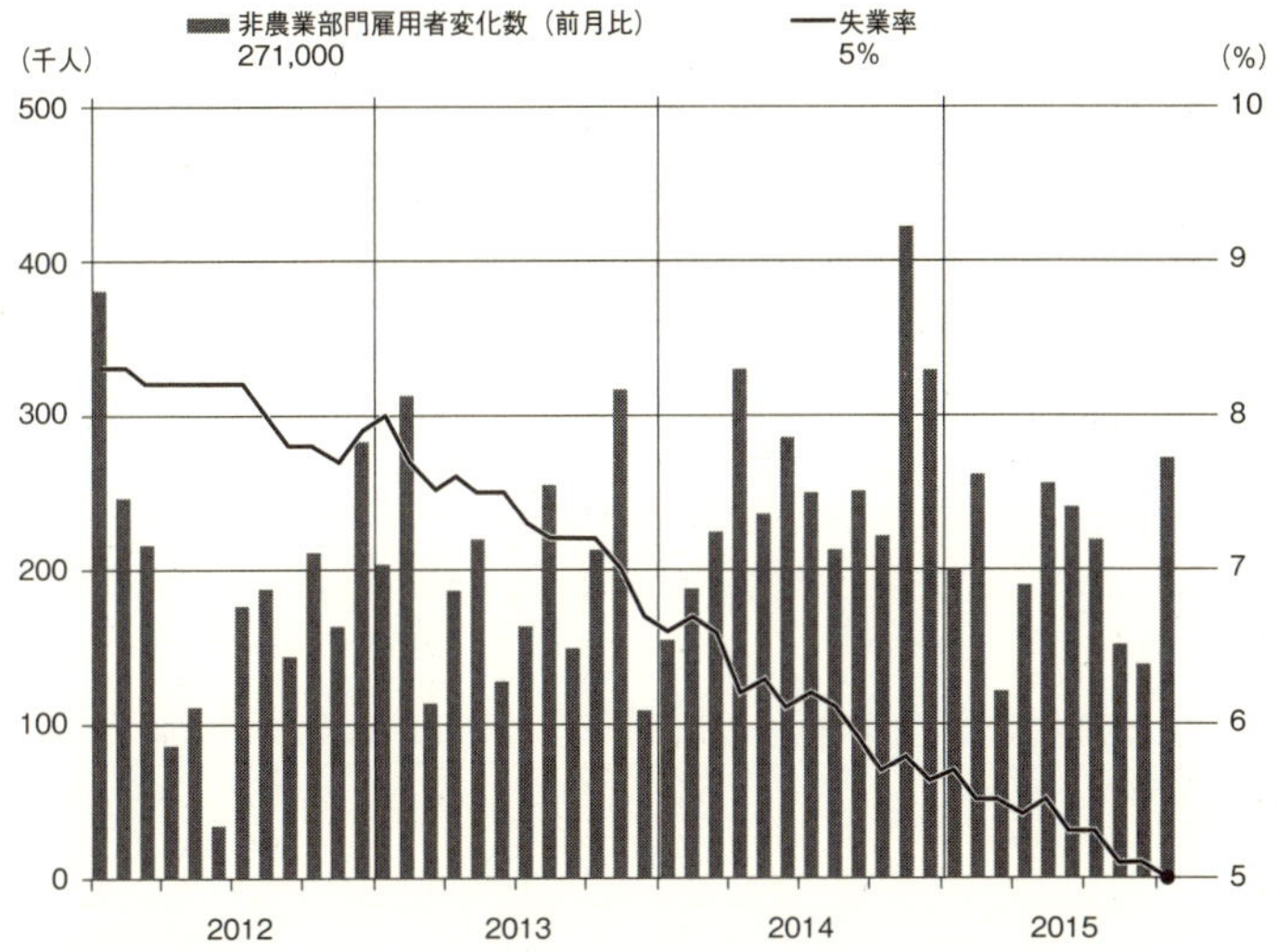

出典：米労働省

イエレン流の金融市場への配慮

ＦＲＢが利上げに慎重である理由は何か。失業率は５％にまで低下している。雇用者増加数が20万人ペースを保っていることは、一定の経済成長が持続している状況を示す。短期金利ゼロは、本来は預金者が得る所得が、政策誘導で金融機関に強制移転されているものとの理解も成り立ち得る。金融機関だけが優遇されているとの世論の批判も根強い。

また、ゼロ金利の状況は、何らかの要因で経済が悪化したときに、金融政策が何も対応できないという状況をもたらしやすい。政策当局としては、金利水準をある程度高くしておいて、将来の利下げ余地を確保しておきたいと考えると推察される。

また、イエレン議長は議会証言などの場で、利上げを先送りし過ぎることは、利上げ開始後に、より速いペースで利上げを実施しなくてはならないことを意味すると述べてきた。そして、若干早めに利上げを開始することの利点は、金利上昇が緩やかなものになる可能性を高めることにあるとしてきた。

これらの諸点を総合的に勘案すると、FRBは特別な状況が発生しない限り、近い将来、利上げを断行する考えを固めつつあると推察される。

FRBの目標は完全雇用達成とインフレおよびデフレの防止である。インフレについてFRBは、2%のインフレ率を目標値として設定している。このインフレ率に大きな影響を与えているのが原油価格下落だ。

2014年末から2015年にかけて原油価格が急落した。この影響で米国の消費支出価格指数（PCE）上昇率にも強い影響が表れ、FRBが目標とする2%を大幅に下回る水準でインフレ率が推移している。このこともFRBが利上げを見送ってきた大きな背景である。

しかし、中期的に展望すれば、30ドル台、40ドル台の原油価格が20ドル台、10ドル台に低下する可能性よりは、価格が緩やかに反転上昇する可能性のほうが高いとも思われる。予断を持つべきではないが、原油価格反転上昇のリスクを想定することは必要だ。

PCE推移

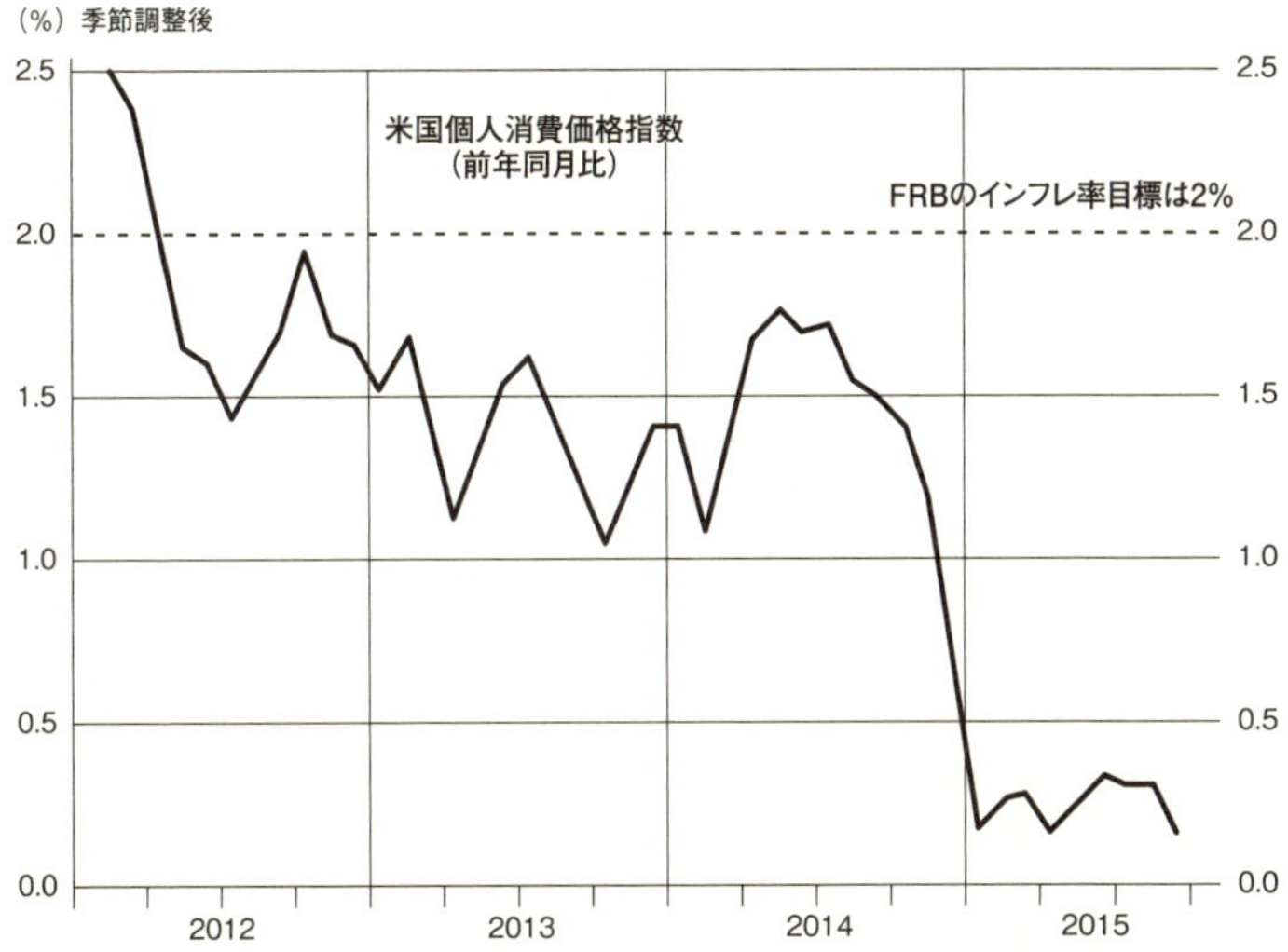

出典：FRB

経済金融環境が急変し、利上げを迫られる事態が発生するときに、ゼロ金利の状態から出発する場合、急激な金利上昇予想が一気に広がり、長期金利急騰がもたらされてしまう可能性がある。イエレン議長は、そのような事態を回避したいとの判断を有しているのだろう。

ＦＲＢの保有資産が膨張しているため、ＦＲＢは長期金利上昇と不動産価格下落を、慎重に回避しなければならない。慎重すぎる利上げ姿勢は、将来のインフレ予想を高めて長期金利を逆に上昇させる要因になり得る。この点からも、遅きに失する利上げを避けたいとの考えが保持されているのだと思われる。

しかし、米国の利上げがグローバルな金融波乱の引き金になることは避けなければならない。これらのすべてに目配りしたうえで最終判断を下す。これが、イエレン流「利上げの作法」ということになる。

第２節　格差と金利政策

第２のサブプライム危機発生のリスク

失業率が５％水準にまで低下しているのにゼロ金利が維持されている現状は異例である。２０１４年３月まで、ＦＲＢは利上げを検討する基準＝閾値《しきいち》として失業率６・５％を提示していた。失業率がこの水準を下回れば、利上げが検討課題に上るということだった。しかし、２０１４年３月ＦＯＭＣで、この閾値を撤廃した。そして、米失業率は５・０％まで低下した。

イエレン議長は労働市場分析の専門家でもあり、米国労働市場が、失業率が示すほどには、タイトな状況にはなっていないことを指摘し続けてきた。そして、現実に失業率が大幅に低下したにもかかわらず、賃金上昇率は高まらず、インフレ圧力も強まらなかった。イエレン女史の慧眼《けいがん》恐るべしと言うべきであろう。

しかし、失業率が5％水準にまで低下したいま、イエレン議長は利上げ着手を本格的に検討していると思われる。そして、利上げの手法について、示唆に富む発言を示した点を見落とせない。イエレン議長は、２００４年から２００６年にかけての利上げが、０・25％刻みで実施され続けたことについて反省の弁を述べたのだ。

ＦＲＢは２００４年6月ＦＯＭＣから２００６年6月ＦＯＭＣまで、17回連続で利上げを実施した。利上げ幅はすべてが0・25％ポイントだった。この対応についてイエレン議長が、「より早く、そしてより大幅に利上げをしたほうが望ましかったかもしれない」と述べたのだ。

米国は、２０００年から２００６年にかけて不動産バブルを生んだ。そして、不動産バブル崩壊がサブプライム金融危機を引き起こす原因になった。イエレン議長は、より早期に、より大胆な利上げを実施していれば、不動産バブルを回避できた可能性があったことを示唆したのである。この発言は、接近する米利上げ着手において、市場予想よりは大幅な利上げ幅が選択される可能性を示唆するものであると言える。最初の利上げで、ＦＦレート誘導目標が０・５％ないし０・75％に設定される可能性があると考えられる。

しかしながら、これとは反対側の懸念も、なお残存している。デリバティブの想定元本は、いまなお６００兆ドルの水準を維持している。そして、デフォルトに備える保険商品である

CDS＝クレジット・デフォルト・スワップの残高も依然として巨額である。しかも、その保証料率は高い。デフォルトリスクは高止まりしている。

この状況下で金利が本格的に上昇し、不動産価格が下落に転じれば、第2のサブプライム危機が発生する恐れがある。イエレン議長は利上げ実施の方針を固めつつも、反対側のリスクに対しても、十分な警戒を払う必要があるのだ。

米国の格差拡大を問題視するイエレン議長

イエレン議長が労働市場の研究者であると既述した。そして、FRB議長就任後もこの視点からの発言を行っている。2014年10月の講演で、イエレン議長は米国の格差問題について、こう述べた。

「所得と富の不平等問題につき、私は非常に懸念している。米国内の格差は他の先進国に比べ、過去数十年、大きく拡大している。富裕層の所得や富が著しく増大する一方、大半の所得層では生活水準が低迷している状態と言える」、「最近も株式市場回復の過程で、賃金の伸びと労働市場の回復は遅れている」、「こうした傾向が我が国の歴史に根ざした価値観、なかでも米国民が伝統的に重きを置いてきた機会の平等に照らしてどうなのか、と問うことが適切だ」

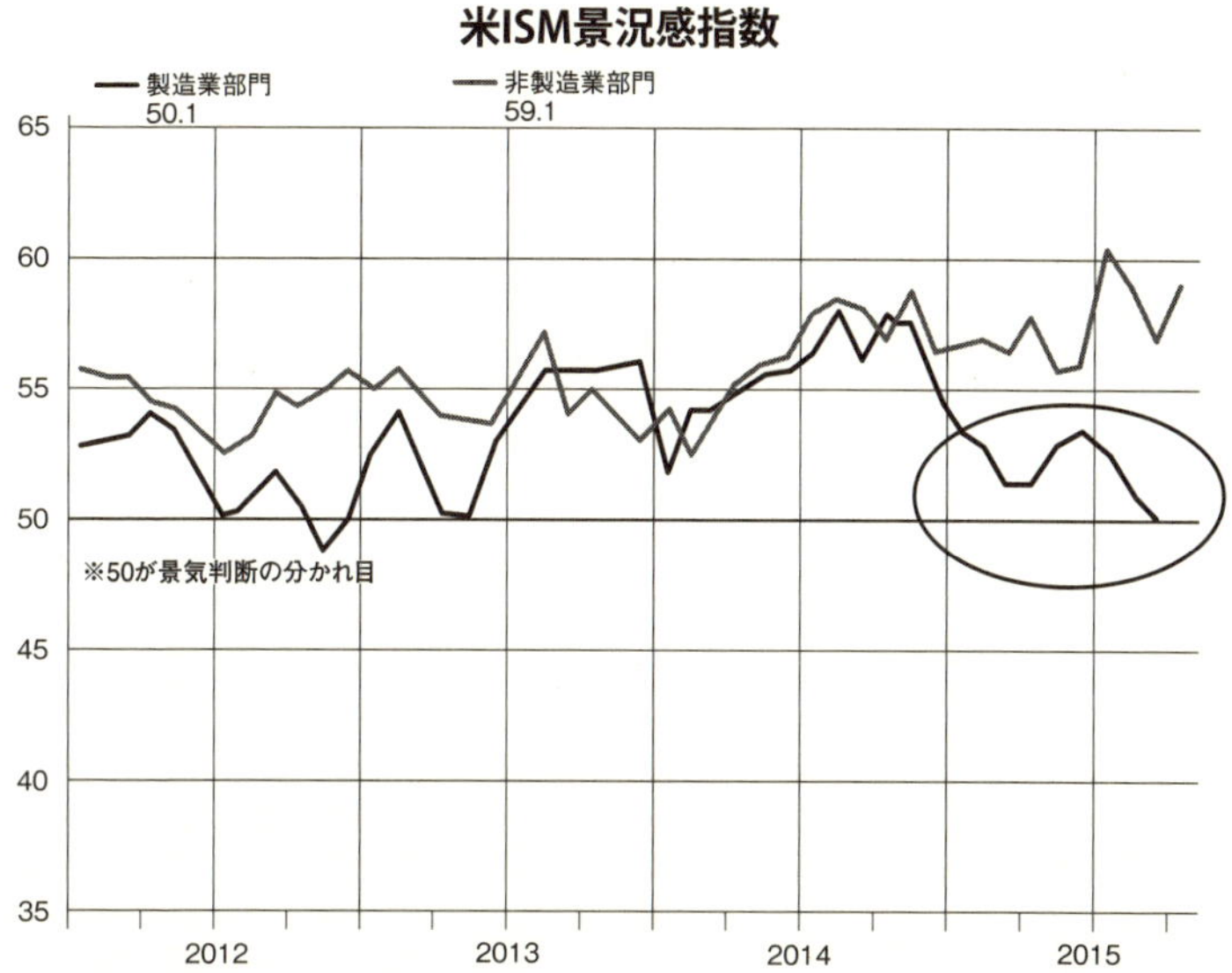

出典：米サプライマネジメント協会（ISM）

ＦＲＢは、家計部門全体の富に対して上位3％の富裕層が持つ富が、1989年は44・8％、2007年は51・8％だったのが、2013年には54・4％に上昇したとする調査結果を公表した。イエレン議長は、「所得と富の格差は、過去約100年で最大の水準に近い」と述べるとともに格差拡大が「機会の平等」を損ねていることを強調した。高等教育には多額の費用がかかるため、格差拡大が高等教育を受ける機会の均等を損ねているとしたのである。

この発言に議会共和党が反発した。2015年2月の議会証言では、イエレン議長の格差問題への言及が、「政治的発言である」と批判された。

米国における格差は、1990年代に進行

したBPR＝ビジネス・プロセス・リエンジニアリングの急進展によって急拡大した。BPRはITを全面活用してビジネスモデルを再構築するものだが、BPRの展開によってホワイトカラー労働者が激減し、中間層全体が下流に押し流された。そして、2007年以降の金融危機が、この二極分化をさらに拡大させた。

サブプライム金融危機を契機に、米国で反格差拡大の運動が広がった。「ウォールストリートを占拠せよ」のスローガンの下で展開された「99%運動」は、富を独占する1%に対する99%の一般市民の闘いである。

2008年の大統領選で、民主党候補のオバマ氏が当選した最大の要因として、格差拡大に反発する米国国民の強い批判の存在を指摘できる。イエレン議長発言に対して共和党が反発する理由がここにある。

共和党議員が、こう攻撃した。「あなたはでしゃばり過ぎだ。労働問題にまで首を突っ込むべきではない。あなたは所得格差について発言しているが、問題を悪化させているだけだ」

共和党は格差拡大について、「FRBによる量的緩和政策による株高の恩恵が庶民層にまで浸透していない」との認識を持つ。悪いのは政治でなくFRBであるとの論法だ。

批判を受けてもイエレン議長はひるむことなく、2015年4月の講演で、2007年のバーナンキ前FRB議長による講演に言及し、FRBのなかで経済格差が長らく注目されてきたと述べた。そのうえで、所得層間の移動を可能にする状況を理解するために、格差問題のさらなる研究が必要であると訴えたのである。腹が据わっている。米国においてさえ、政策中枢に格差是正を求める人物が位置していることは特筆に値する。

FRBが優先すべき目標は物価の安定

イエレン議長は、失業率は低下しているが労働市場は逼迫していないことを強調する。雇用は増えているが、パートタイム労働者のウエイトが大きい。失業率は下がっているが、労働市場への参入者が減っている。そして、労働者全体の所得が増大していないことを強調する。

金融引き締めで経済にブレーキをかければ、所得の低い階層にまで、賃金上昇の恩恵が行き渡る前に、経済成長が抑制されてしまう可能性が高まる。この意味で、この点もイエレン議長が金利引き上げ措置に慎重であり続けている一因になっていると考えられる。

しかしながら、中央銀行の本来の職責、あるいは政策目標は、完全雇用の達成と通貨価値の維持、すなわち物価の安定、インフレやデフレの防止である。金融政策が所得分配の階層別構成比に影響を与えることは容易でない。格差是正という、分配のあり方を変更するためには、各種労働法制、労働諸規制、あるいは課税や社会保障支出などを通じる所得再分配政策を活用することが必要不可欠で、これを金融政策の対応で実現することは困難である。

失業率が5％水準にまで達してしまった現状では、所得分配における偏り、深刻な格差問題が残存するとはいえ、金融政策は利上げ着手を検討せざるを得ない状況に追い込まれつつある。FRBは金利引き上げ実施による金利水準の正規化（ノーマライゼーション）を目指して、行動する可能性が高いだろう。

サブプライム金融危機の後遺症を念頭に入れ、新興国経済、資源国経済の動揺という新たな、そして重大なリスクファクターを睨《にら》みつつ、利上げ着手を受け止める時機が到来した。

第3節　米国大統領選挙のゆくえ

混迷する共和党の大統領候補選び

２０１６年の米国大統領選挙の国民による投票日は11月8日に予定されている。２００９年に誕生したオバマ政権は、２０１２年の大統領選挙で再選を果たし、2期8年の任期をまっとうする。米国大統領は任期満了時期が近付くと、大統領を務めたという証し、遺産＝レガシーとして、歴史に刻まれるような大きな業績を後世に残そうとする。オバマ大統領は、イラン核合意の確定、そしてTPPの最終合意を目指していると伝えられる。

しかし、この遺産が良き遺産となるか、それとも悪しき遺産となるのか。評価は分かれる。

オバマ政権の2期8年に、米国社会における格差は、著しく拡大した。FRBの調査報告が示すとおりである。〝Change〟を合言葉に、Yes, We Can！を唱えて、国民の熱狂的な支持を得て誕生したオバマ政権だったが、サブプライム金融危機の混乱がもたらした副産物という側面を強く有していた。

資本主義、自由主義のリスクと限界が強く意識され、その是正、あるいは否定、そして格差是正への民衆の要請が産み出した政権だった。

アフリカ系国民が、米国政治史上、初めて大統領に就任した。米国で増大する非白人系国民、マイノリティの期待を一身に負って発足した政権である。

しかし、オバマ政権が発足した2009年から2015年にかけての米国経済の現実は、この期待に反する推移を示した。株価は6500ドル水準から1万8300ドル水準に2・7倍の暴騰を遂げた。失業率は10％を越す水準から5％に低下した。通常の局面なら、経済指標を大幅に改善させた大統領として、高く評価されるところだ。

オバマ大統領の支持率推移

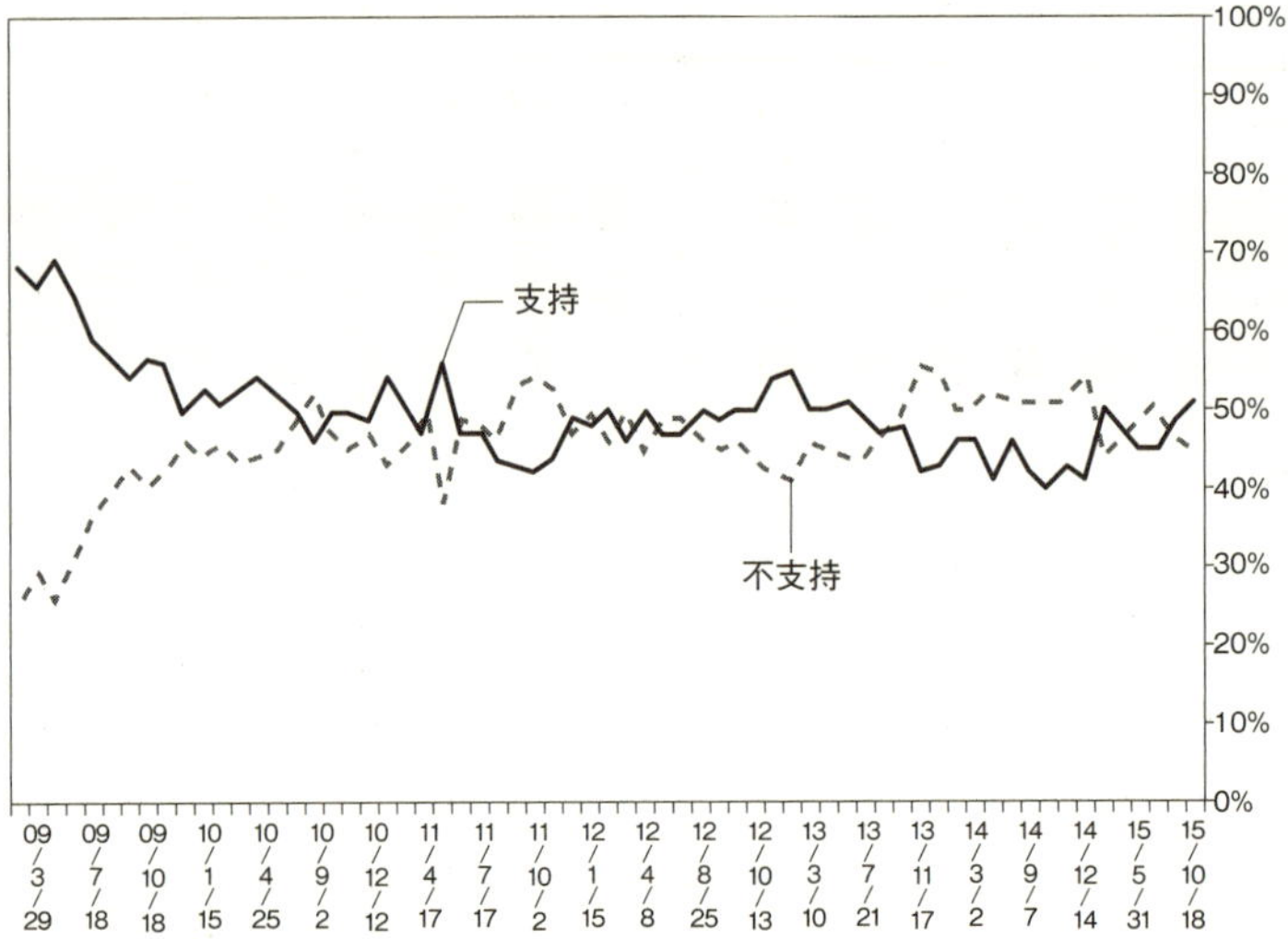

出典：ABC News/Washington Post

しかし、2008年の大統領選で格差是正を求めた米国民の期待は裏切られた。2014年の中間選挙の結果、共和党は上院の議席を54に伸ばして、2006年以来8年ぶりに上院過半数を制した。下院でも定数435の過半数を大きく超す246議席を獲得して、共和党が上下両院を制したのである。

任期2年を残すオバマ大統領の政権運営は厳しさを増し、大統領が影響力を失うレームダック状態に陥るとの指摘が勢いを強めたのである。各種世論調査におけるオバマ大統領支持率は2014年中間選挙に向けて、緩やかな低下傾向を示し、その趨勢が中間選挙結果にも反映されたかたちになったが、その後の支持率は逆に反転上昇した。

中間選挙での共和党勝利は、2016年大

統領選での共和党優位を印象付けるが、現実はそれほど単純ではない。中間選挙では共和党が大躍進したが、いくつかの州で実施された住民投票では、最低賃金引き上げ提案が可決された。つまり、共和党が積極支持されたというよりも、共和党が、格差是正が進展しないことに対するオバマ政権への批判票の受け皿になったと表現したほうが適切なのである。オバマ政権の政策運営が議会少数の影響で停滞する場合、米国の主権者は批判の矛先を議会多数を制圧した共和党に振り向ける可能性もある。

また、共和党の内部に、伝統的に政府の介入を嫌う、ティーパーティー派と呼ばれるリバータリアンの勢力が存在する一方、格差是正を唱える主張も浮上している。また、資産家であるトランプ氏に代表されるような排外主義を公言する勢力も存在する。つまり、議会多数勢力となった共和党も一枚岩の存在ではない。

大統領選に向けて、民主、共和両党内部でそれぞれ大統領候補を選出するレースが始動しているが、とりわけ共和党において、本命不在の状況が続いている。世論調査では実業家のドナルド・トランプ氏が筆頭に立っていたが、黒人の元神経外科医であるベン・カーソン氏が2015年11月の調査で首位に躍り出た。トランプ氏が独走気配を示した序盤戦の時点から、過激な発言を繰り返すトランプ氏が共和党統一候補に選出される可能性は高くないと見られてきた。

ブッシュ元大統領の弟である元フロリダ州知事のジェブ・ブッシュ氏は、第5位の支持率に低迷している。同じフロリダ州からマルコ・ルビオ上院議員が出馬の意思を表明しており、ブッシュ氏とルビオ氏が支持を二分している。

大統領選挙に向けて各候補者は、格差問題への対応を強くアピールしている。トランプ氏は不法移民や他国を槍玉にあげているが、格差への不満を強める国民の支持獲得を狙うものだと推察される。不法移民が米国民の職を奪うこと、米国民の血税が不法移民への政府支出に使われていることを批判する主張は、日本におけるヘイトスピーチの論理構造と通じるものである。

同時にトランプ氏は、「ヘッジファンドを運用する金持ち連中への優遇税制を撤廃する。彼らに嫌われたってかまうものか」とも発言。共和党候補も格差に対する国民の不満に働きかけることを大統領選の基本戦術に位置付けている。

民主党はヒラリー・クリントンが有力

米国の大統領選挙は、共和党と民主党がそれぞれに党としての大統領候補を指名し、本選挙において、18歳以上の有権者が、その候補者に対して投票を行い、各州において多数の得票を得た候補者が、その州の選挙人を獲得するという方式で実施される。最終的には、選出された選挙人による選挙で大統領が選出される。決め手になるのは本選挙で、州ごとに勝敗が決定され、勝った側がその州の選挙人全員を獲得することになる。

米国の民主党はブルー、共和党はレッドがイメージカラーである。これに基づき、民主党の地盤が強固な州がブルーステイツ、共和党の地盤が強固な州がレッドステイツと呼ばれる。北東部と太平洋沿岸地域にブルーステイツが所在、南部と中西部にレッドステイツが所在する。大統領選では両陣営が競り合う諸州がキャスティングボートを握ることが多い。とりわけ選挙人が多く配分されるフロリダ、オハイオ、バージニアなどが焦点になる。

民主党では、クリントン元大統領の妻で国務長官を務めたヒラリー・クリントン上院議員が大統領候補として抜け出している。他に、バーニー・サンダース上院議員が出馬表明している。オバマ政権のジョー・バイデン副大統領は出馬を検討したが、結局断念した。自称、民主社会主義者のバーニー・サンダース上院議員は、2020年までに、最低賃金を全米で一律時給15ドルに引き上げることを公約として明示した。こちらも、主要争点に格差是正を掲げている。

各種調査では、2015年11月時点で、クリントン前国務長官が6割の支持を獲得しており、このまま進めばクリントン氏が民主党候補者に指名される可能性が高い。共和党の情勢は見通しにくいが、フロリダ州を地盤とするルビオ氏とブッシュ氏のいずれかが出馬を断念すれば、残った人物とカーソン氏の間で指名が争われる可能性がやや高い。

このなかで、クリントン氏は、オバマ大統領が推進しているTPPに反対の意思を表明した。支持者の動静を見ての行動であり、今後の細目の交渉で変動する余地があるが、今後、最終合意に進むと見られるTPPが、大統領選の一つの争点に浮上する可能性はある。

イランの核開発問題に関する、イランと6カ国（米、英、ロシア、中国、ドイツ、フランス）の協議は、2015年7月14日にウィーンで「包括的共同行動計画」として最終合意に達した。さらに同20日に国連安保理で承認決議が採択され、90日後の10月18日に発効した。イランへの経済制裁解除は2016年1月とみられている。オバマ大統領が遺産＝レガシーとして確立を目指した歴史的合意が成立、発効したのである。

他方、ウクライナ、シリアおよびISを取り巻く不安定な状況が持続しており、中東を中心とする地政学リスクは依然として大きい。この情勢変化も大統領選挙に影響する。

それでも、サブプライム危機によって、より尖鋭化した米国の格差問題が、大統領選の焦点の一つになることは間違いない。米国経済が順調に推移しない場合には、経済失政が論点に浮上し、その場合には批判の矛先が議会多数勢力の共和党に向かうことも考えられる。中間選挙での共和党勝利が、共和党にとって有利な条件とは言いきれないのはこのためだ。

クリントン氏が国務長官時代に私用メールを利用したことが議会で攻撃の対象にされたが、大統領選に向けての工作活動の一環である。大統領選に向けて、こうしたネガティブキャンペーンも激化することが予想される。１年の時間は情勢を激変させるに十分な長さであるから、予断を持つことは許されないが、現時点では、ヒラリー・クリントン大統領の誕生可能性が、高まりつつあると言える。その場合、政策的な断絶は生じにくいと言ってよいだろう。

第４節　ＴＰＰの正体

公約を反故にした安倍政権のＴＰＰ大筋合意

環太平洋経済連携協定＝ＴＰＰは、２０１５年10月初めに、米国ジョージア州アトランタで開かれた閣僚会合で大筋合意した。日本のメディアは直ちにＴＰＰを礼賛する報道を展開した。ＴＰＰは自由貿易を推進する関税交渉で、ＴＰＰ参加により、日本の消費者が、より安く輸入製品を購入できるようになることだけがアピールされている。米国産ステーキを手軽に味わえることが盛んに宣伝されている。

他方、ＴＰＰの問題点として、これまで手厚く保護されてきた日本の農家が困難に直面することだけが取り上げられる。視聴者が、日本の農業は、これまで税金で過保護の状態にあったのだから、ＴＰＰで競争に直面することは、むしろ当然だと判断するように報道が構成される。消費者にとってはプラスの協定で、困るのは、利権にまみれた農業団体だけだとの図式による説明は、あまりに悪質で、あまりに恣意《しい》的なものである。

ＴＰＰの実態は、グローバル強欲巨大資本の際限のない利益の追求、収奪を全面援護する、強制力のある経済諸制度の確立であって、その内容をまったく説明せずに、賛美だけするのは、一種の売国行為である。戦時下の戦争推進、戦争礼賛の報道とよく似ている。

２０１２年12月16日の総選挙に際して、安倍晋三自民党は、ＴＰＰについて6項目の公約を掲げた。その公約はいまも自民党サイトで閲覧できる。

我が党はＴＰＰ交渉参加の判断基準を明確に示します。

ＴＰＰ交渉参加の判断基準

1. 政府が「聖域なき関税撤廃」を前提にする限り、交渉参加に反対する。
2. 自由貿易の理念に反する自動車等の工業製品の数値目標は受け入れない。
3. 国民皆保険制度を守る。
4. 食の安全・安心の基準を守る。

5. 国の主権を損なうようなＩＳＤ条項は合意しない。
6. 政府調達・金融サービス等は我が国の特性を踏まえる。

メディアが取り上げるのは1番目の公約である「『聖域なき関税撤廃』を前提とする限り、ＴＰＰ交渉に参加しない」だけだ。ＴＰＰ交渉での聖域設定を求めるということで、米、小麦、牛肉、乳製品、砂糖が重要5品目として論議されてきた。

すべての国が農業を保護している。人々が生存するために食料は必要不可欠だ。国民の生命、存立を守るためには、食料、エネルギー、安全保障が必要だ。だから、どの国も食料自給を重視し、農業を保護している。

他方、世界経済は自由貿易の原則に立って運営されている。日本は自由貿易に基盤を置いて栄えてきた国だ。その日本は自由貿易を推進する責務を負っている。これを否定しない。

しかし、このことが直ちにＴＰＰ肯定には結びつかない。

日本の輸入関税率は、全体として極めて低く、農産品においても、米国よりはやや高いが、ＥＵ諸国よりは低い。つまり、日本の市場は農産品を含めて十分に開かれた市場になっている。その大原則のなかに、例外的に高率関税率が存在する。それが5品目で、これらは日本の食料自給、農業生産、国土保全などの様々な視点で設定されてきたものである。

自民党は、この5品目の関税を守ることを公約とした。しかし、公約全体から見れば6項目のうちの一つに過ぎない。重要性も限定的なものである。ところが、NHKなどは、6項目についての全容の説明を一切せずに、ある時から、5品目を5項目と言い換えるようになった。自民党公約は6項目だったが、あたかも自民党公約が5品目だけであるかのような、錯覚を植え付ける報道を展開した。

6項目の公約に、決定的に重大なISD条項、食の安全・安心、国民皆保険の問題がある。これらは、日本の主権者に致命的な被害をもたらすものである。

国の主権を奪うISD条項

ISD条項とは、一国に投資を行った資本が、期待した利益を得られない場合、その理由が当該国の規制、制度にあるとして、裁定機関に訴え、裁定機関が結論を下すという制度である。裁定機関は世界銀行傘下に置かれる。

問題は、裁定機関が下す裁定が拘束力を持つことだ。日本の制度、規制を、裁定機関が変えろと言うと、抗弁できない。つまり、TPP＝ISDは、日本の国家主権よりも上位に位置付けられることになる。だから、自民党公約は「主権を損なうISD条項に合意しない」とした。

今回のＴＰＰ交渉に参加しているアメリカ、メキシコ、カナダは米州版ＴＰＰとも言えるＮＡＦＴＡに参加している。この協定の下でメキシコは痛い経験をしている。米国企業がメキシコで産業廃棄物の処理施設を建設しようとした際、メキシコの地方自治体が環境保護のために、建設を不許可にした。米国企業はＩＳＤ条項を活用して裁定機関にメキシコ政府を訴えた。ＩＣＳＩＤ＝投資紛争解決国際センターは、メキシコ政府に１６００万ドルの賠償を命じた。このような事例が実際に存在する。

各国が環境保護、国民の生命・健康を守るために設置している規制でさえ、ＩＳＤの提訴の対象になり得る。そして、ＩＣＳＩＤの決定の効力は国家権力の上に立つ。文字どおり、国家主権が損なわれることになる。

ＩＳＤ条項は、途上国との経済連携を決定する際に、各種法規制が整備されていない国への投資が、未整備の法運用体制によって損害を受けるケースを想定し、これを避けるために設けられた制度、条項である。ＴＰＰでは、これを日本などにも当てはめようとしている。

日本が日本の国家主権を重視し、国内法体系が整備されていると自負するなら、堂々とＩＳＤ条項をはねつけるべきだ。それを実行することを安倍自民党公約が明記したのである。

この主張を示すのは日本の論者だけではない。米国のエリザベス・ウォーレン上院議員は、2015年2月25日付のワシントンポスト紙に、「誰もがＴＰＰ条項に反対すべきだ」というオピニオンを寄稿した。彼女は、こう主張する。

「『投資家対国家の紛争処理条項』あるいはISD条項と言われているものは、その名は穏やかに見えますが、騙されてはいけません。この途方もない新しい協定にあるISD条項に賛成すると、米国の公平な場をもっと多国籍企業支持へと向かわせるでしょう。さらに悪いことに、それは米国の主権を台無しにしてしまうでしょう。ISD条項の利用は、世界中で増えています。1959年から2002年にかけて、世界中でISD条項の主張は100以下でした。しかし2012年だけをとっても、58の事例がありました。最近の事例は最低賃金を上げたためエジプトを訴えたフランスの企業。日本の福島災害後、原子力を廃止することを決めたドイツを訴えたスウェーデンの企業。企業の一部所有する銀行を救わなかったためにチェコスロバキアを訴えたオランダの企業も含まれています。米国法人も、その行動に加わっています。フィリップ・モリスは、ISD条項を利用して、ウルグアイが喫煙率を減らす意図を持った新しいタバコ規制の実施を止めようとしています」

マレーシアのマハティール元首相も、ISD条項の危険を強く警告している。マハティール氏は『月刊日本』（K&Kプレス社）誌が掲載した稲村公望・元日本郵便副会長によるインタビュー記事のなかで、次のように発言している。

「重大な問題は『投資家・国家間訴訟』（ISD条項）です。ある国の政府の政策のせいで企業が損失を出したとすると、その企業は裁判所に訴えることができるとしていますが、裁判所はそれぞれの国の裁判所ではなく、彼らが設立した裁判所で係争することになっています。そして外国企業が損失を出せば、国内の規制のせいだとされて、国は賠償金を払わされることになります。ペルーやインドネシアは、多国籍企業が損をしたとして訴えられました。こうした悪しき先例がすでにあり、インドネシアはTPPに参加しないことを表明しています」

日本の医療制度の根幹を破壊するTPP

この記事において稲村公望氏は、国民皆保険制度への影響について、こう指摘する。

「日本には優れた国民皆保険制度があり、盲腸炎を患って手術をすれば、日本国内では負担は10万円程度で済みますが、ニューヨークでは恐らく200万円は取られるでしょう。米国では医療保険に入っていない貧困層は手術が受けられないで死んでしまいます。医療保険に入っていても、保険会社が入院する病院まで決めてしまうような制度です。米国は日本に対して、米国の保険制度を採用させようと圧力をかけて虎視眈々《こしたんたん》と狙っています。悪い医療保険制度を押しつけて、誇るべき公共の医療制度を破壊しようとの意図が窺《うかが》えます。保険会社の関係者が暗躍して、米国の制度を日本で導入するように画策しています。

日本の国内では反対意見が強いにもかかわらず、安倍政権は新自由主義の経済政策を一方的に強く後押しする姿勢を強めています」

自民党が2012年の12月総選挙の際の公約で「ISD条項に合意しない」と明記した。そして、「国民皆保険制度を守る」と公約したが、日本がTPPに参加すれば、制度の根幹は間違いなく崩壊することになると考えられる。

成長戦略について第6章で詳しく記すが、安倍政権が掲げる成長戦略の重要項目である「医療の自由化」は、医療価格の自由化を柱に据える。診療費、医薬品、医療機器の価格が自由化される。価格は自由化で大きく跳ね上がる。価格上昇でGDPがかさ上げされるのが「成長」なのだ。しかし、公的医療保険支出は抑制される。その結果、公的医療保険支出でカバーされない医療費が膨張することになる。高額の民間医療保険に加入できる富裕層は十分な医療を受けることができるが、所得の少ない国民は、劣悪な公的保険医療しか受けられなくなる。

農産品では、日本、オーストラリア、ニュージーランドの食品安全基準は厳しいが、大規模農法主体の米国などの農薬使用基準は日本よりもはるかに緩い。日本の安全基準がTPPによって破壊されることは目に見えている。

遺伝子組換食品についても、日本は身体への影響が読みきれないことを理由に表示を義務付けている。しかし、TPP下のISDでは、影響が読み切れないなら規制をかけられないとの立場を取ると予想される。因果関係を立証できないなら規制をかけるな、の立場を取るのだ。

食品添加物は、日本で約800種類しか使用が認められていないが、米国では3000種類も認められている。残留農薬の基準も、米国は日本よりも60～80倍も緩い。同じ論法で、日本の規制が破壊されてしまうことは間違いない。食の安全・安心が壊されるのである。

土地改良事業予算2000億円増額で農協幹部をねじ伏せる

自民党公約の2番目に、「自動車等の工業製品の数値目標は受け入れない」とあるが、TPP交渉に並行して行われた「並行協議」で、日本政府は自ら進んで数値目標を設定した。米国は事前協議をTPPと別の協議と位置付け、米国が要請したのではなく、日本が自発的に数値目標を設定したとの説明をしている。しかし、実体は、TPP交渉で日本が数値目標を受け入れたものである。

TPP交渉は、10月の閣僚級会合で大筋合意を見た。最終合意が、2016年2月初旬に、ニュージーランドで成立し、署名が行われるとの観測も浮上している。協定が署名されても、各国議会が批准しないと発効はしない。2月署名が実現する場合、安倍政権は2016年度予算案が衆院を通過すると見込まれる2月に、議会での批准を強行する可能性がある。

条約が発効すると、これを無効にすることは極めて困難になる。日本の諸制度を破壊する、日本を名実ともに米国の植民地に改変してしまうTPPが最悪の道筋をたどっている。

２０１５年10月の閣僚会合では、６カ国以上が批准し、それらのGDPの合計が、域内GDPの85％を占めることがTPP発効の条件であるとした。交渉参加国に占めるGDPの比率は米国が60％、日本が17％。つまり、鍵を握るのは日米の動向である。

日本では２０１６年７月に参院選が実施される予定である。その前にTPPを批准するためには、自民党が得意とする札束攻勢がかけられるだろう。ジャーナリストの横田一氏によれば、西川公也元農水相は11月７日に高知で、「民主党政権下で排除された５７７２億円の土地改良事業予算を自民党政権が３５８８億円に戻した。さらに２１８４億円を復活させる」方針を提示したという。まさに利権支出で農協幹部を丸め込む作戦が動き始めている。

やはり、ここでも「いまだけ、金だけ、自分だけ」の「三だけ主義」がはびこっている。

第5節　反転のリスク

上方リスクにも留意

世界経済をめぐるリスクは、下方だけでなく上方にも存在する。金融市場関係者が集中して論じるのは下方リスクだが、本書は、逆に、上方リスクにも一定の光を当てる。

中国の崩落と米国の利上げが世界経済崩落の引き金になる。世界金融危機の再来が論じられている。たしかに、9月FOMC後の声明は、「海外情勢の見通しは最近一段と不透明性を増しており、中国やその他の新興国の成長をめぐる懸念が出ていることで、金融市場のボラティリティーが著しく高まった」と表現し、世界経済の動揺に対する強い警戒を示した。

しかし、10月FOMC後の声明では「世界経済と金融環境を注視していく」に表現が変わった。

中国リスクを意識するが、中国の動揺が鎮静化したことを認識する表現に変化した。今後の中国経済に強い警戒が必要だが、中国の動揺が拡大しなければ、FRBは12月利上げに着手するのではないか。

米国のインフレ動向に強く影響を与えてきたのが原油価格である。原油価格が110ドルから30ドル台に下落してインフレ率が大幅に低下した。しかし、下落した原油価格が反転上昇すれば、インフレ率も反転する。この下で米国の景気拡大が持続すれば、FRBは利上げをさらに継続する必要に迫られる。その時に警戒すべきことは長期金利上昇だ。

この点を踏まえると、イエレン議長が、予防的な意味も含めて、利上げ幅を最初から大きめに取ることも考えられる。強い金融引き締め政策スタンスは、将来のインフレ予想を抑制する効果を発揮するから、長期金利の上昇が抑制されやすくなる。ただし、下方リスクが色濃く残っている現状では、あまり乱暴な政策対応を示すことはできないだろう。

中東の地政学リスクが拡大し、原油価格が再び大きく上昇する場合には、想定以上の長期金利の上昇が生じる可能性があり、その際の株価下落圧力拡大に警戒が必要である。

リスクを過大視するべきではないが、2016年後半のリスクとして、この「上方リスク」を念頭に入れておく必要があると考えられる。

第5章

チャイナ・ショックの正体

第1節　中国官僚の誤謬

中国株急騰と下落の原因

２０１６年の金融市場を展望する際、焦点となるのは米国の利上げ、チャイナ・ショックのゆくえ、ギリシャ、ロシアを含む地政学リスク。そして国内政局である。

２０１５年の金融市場においては、6月から7月にかけてギリシャ問題が金融変動の主たる変動要因になった。8月から10月にかけては、チャイナ・ショックが最大の変動要因になった。

２０１６年に向けて中国経済の悪化が加速する。その一方で米国が利上げに向かう。米国の利上げがグローバルなマネーフローを変化させ、新興国、資源国、世界経済に大きな動揺をきたす。世界第2位の経済大国に拡大した中国経済は、メルトダウンの道に突き進む。そして深刻な世界金融危機が再来する。このリスクが喧伝されている。

リスクの存在を認知しておくことは重要だが、投資戦略を構築する際には、その実現可能性を考慮することが必要になる。

上海総合指数

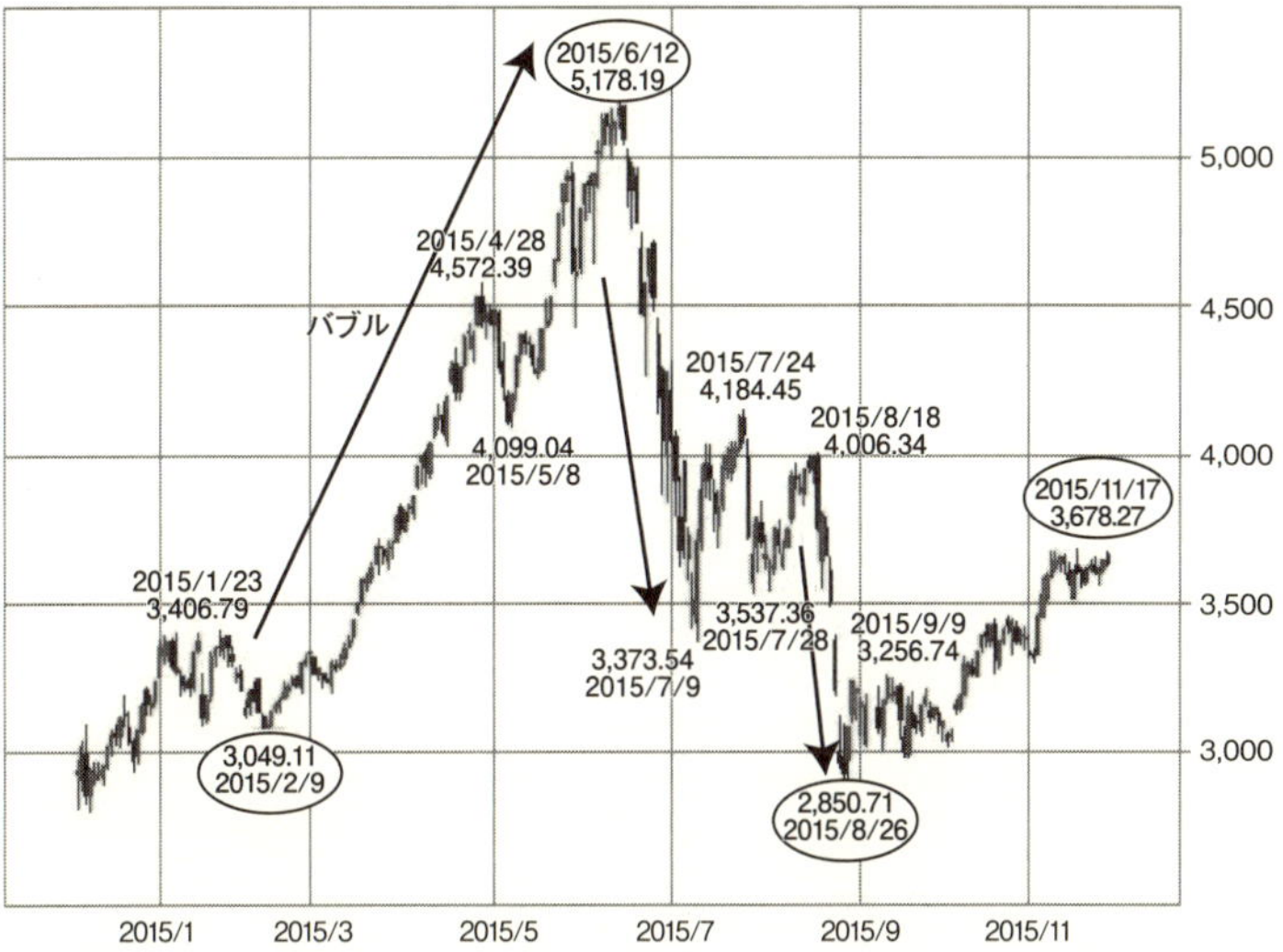

中国リスクが重要視される最大の背景は、中国株価の暴落である。上海総合指数が２０１５年6月12日の５１７８ポイントから8月26日の２８５０ポイントに暴落した。２カ月で45%の大暴落だ。だから、中国は経済危機に陥る。そんな単純なストーリーが横行している。

しかし、既述したように、中国株価の直近1年余りの変動は、いわゆる「行って来い」であって、高値が長期間持続した後の暴落ではない。瞬間的に暴騰し、瞬間的に元に戻ったものであり、その影響を過大視することは避けるべきだ。

中国最大の株式市場は上海市場であり、第二の市場が深圳《しんせん》市場である。２０１５年6月の株価ピークの局面で、上海市場の時価総額は750兆円を超え、深圳市場の時価総額は550兆円を超えた。両者の合計は1300兆円に達した。

1300兆円の45％は600兆円であり、わずか2カ月の短期間に、中国国民の資産が600兆円吹き飛んだことになる。日本の1年間のGDPを上回る規模の資産が吹き飛んだということになる。これは大変だと考えるのが一般的な感覚だろう。

しかし、上海総合指数は、ピークから1年前には2000ポイントだった。2000ポイントの指数が1年後に5200近くにまで跳ね上がり、2850ポイントまで下落したのち、12月初時点で約3500ポイントの位置にある。どこを起点に取るかで評価が変わる。

瞬間的に跳ね上がった時期を飛ばして考えれば、もともと500兆円の資産が875兆円になっているわけで、経済崩壊だと決めつけるわけにはいかない。

上海総合指数はチャートの形状からすると、8月末の2850ポイントの安値から、11月中旬の3678ポイントに反発しており、ここから先の再反落を警戒すべき局面に差しかかっている。2014年7月の2000ポイントから75％も高い水準にあり、この間の中国経済が低迷を続けてきたことを踏まえると、株価水準には下方リスクが強く残存していると考えられる。

次の株価反落がどの水準で下げ止まりを示すのかを見定めることが重要な局面に位置していると思われる。

人民元／円

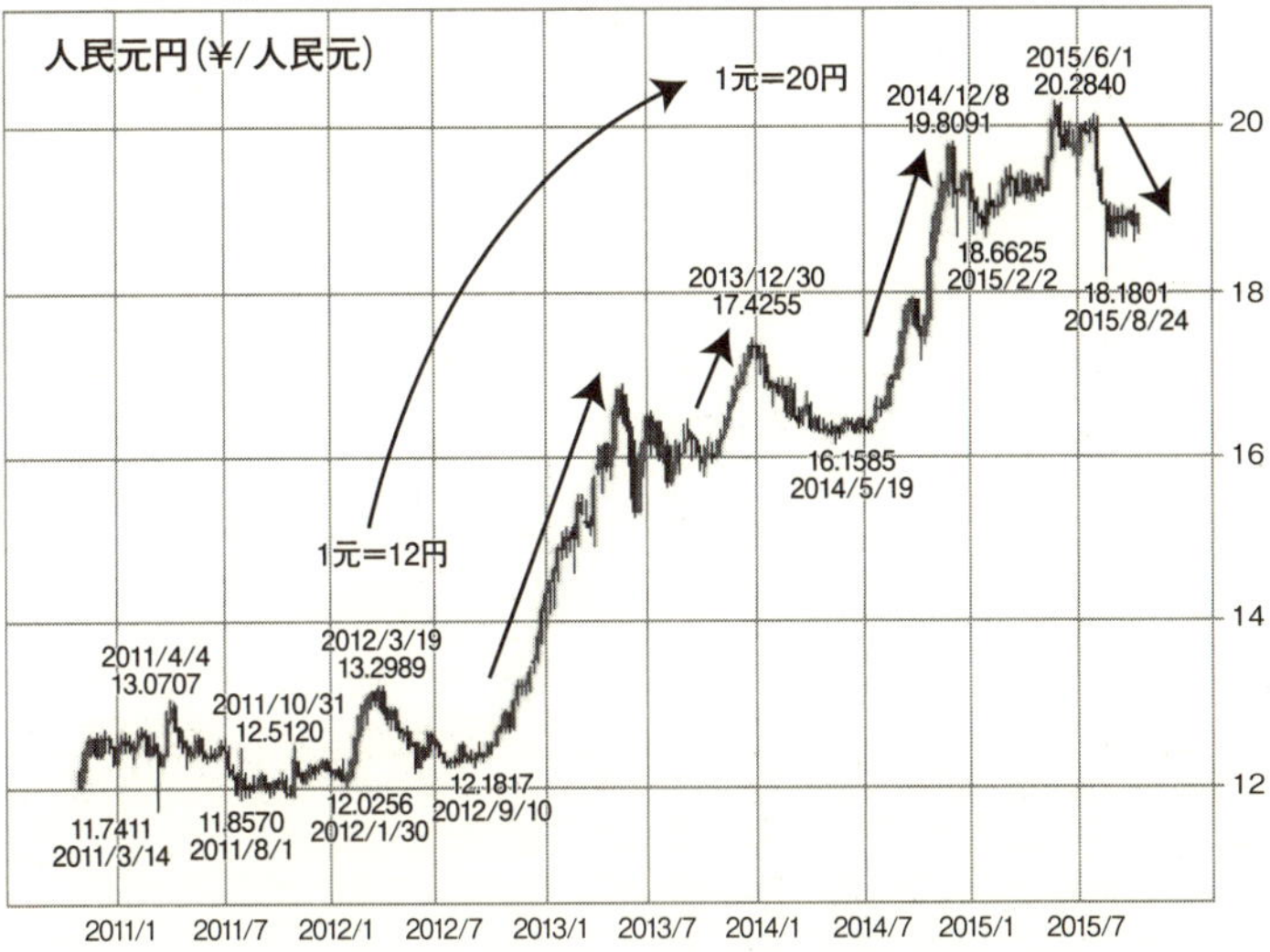

　２０１４年７月から２０１５年６月にかけて株価が急騰した背景には、中国富裕層の余剰資金の運用先が乏しいという事情がある。不動産市場の環境が悪化して、中国人富裕層が、株式市場に投資資金を集中させたことが株価バブルを生み、その後の反動をもたらしている。

　中国経済指標に対する不信感が強まっているが、２０１４年７月までは、ＨＳＢＣ公表の中国製造業ＰＭＩ推移と上海総合指数は驚くほどの連動関係を維持してきた。株式市場が各種各様の情報の集積場であるとの仮定を置くならば、この株価とピタリと連動してきたＰＭＩ指数は、経済実態を概《おおむ》ね正確に反映してきたと考えるべきではないか。

　２０１２年、２０１３年、２０１４年に、

それぞれ1回ずつ、製造業PMIと株価が上昇の気配を示した。しかし、いずれもその途上で、浮上は潰《つい》えてしまった。

その原因は中国人民元の上昇にあったと考えられる。人民元は米ドルとリンクして変動してきており、米ドルが日本円に対して上昇すると、人民元が日本円に対して上昇してきた。人民元上昇は中国の輸出を抑制し、中国の輸入を拡大させる効果を持つ。中国人旅行者が、日本で「爆買い」するのは、中国輸入増大の変形であると言ってよい。

株価変動が製造業PMIに連動していたことは、PMIが、かなり正確に中国経済の実態を反映してきたことの表れであると解釈することが可能である。

ところが、2014年7月以降、中国株価がPMIとの連動を離れて急騰した。株価急騰をもたらしたのは、中国人民銀行による金融緩和推進だった。この、金融緩和強化＝株価上昇の図式は、2009年以降の米国、日本、欧州で観察されてきた連動関係である。この意味で、中国株価の上昇そのものは非合理的なものではないと言える。

株価上昇を加速させる原因になったのは、信用取引の拡大だった。中国政策当局は、株価が一気に2・6倍に暴騰する前に、株価急騰を抑制する措置を実施するべきであった。この点は、今後の教訓として活かされるべきだろう。

中国政策当局は2015年6月になって、ようやく重い腰を上げて信用規制等に取り組んだ。

その結果、中国株価が急落局面を迎えたのである。

中国経済メルトダウンの可能性

ただし、中国株価急騰の局面で、株式資産を担保に実施された銀行融資量は大きくはない。したがって、バブル崩壊に伴う不良債権問題の規模は限定的であると考えられる。

1990年以降の日本のバブル崩壊が深刻な問題になったのは、バブル生成期における資産担保融資が巨額だったからだ。1987年から1990年にかけての資産価格急騰局面における銀行およびノンバンクによる貸出残高は、約200兆円増加した。融資された200兆円は、そのすべてが株式、不動産、ゴルフ会員権、絵画の購入に注がれた。

ところが1989年末以降、これらの資産価格が暴落した。平均すれば、200兆円で購入した資産の時価総額が100兆円になってしまったのである。膨大な債務を抱えたバブル投資家が軒並み倒産したと同時に、融資を実行した金融機関に100兆円の損失が計上された。

日本政府は大銀行を、基本的には潰さずに救済する対応を採用したから、大銀行の倒産は数行に留まり、ほとんどの大銀行は公的資金による救済を受けた。

日本銀行は預金金利の大幅引き下げを誘導し、預金金利はゼロ水準に下落した。他方、銀行の貸出金利はゼロにまで低下しないから、銀行は安定的な利ザヤを確保し続けた。

銀行の本業の利益である業務純益は年間5兆円規模を確保し続けたが、この業務純益が銀行が抱えた損失の処理に充当されたのである。5兆円の利益を不良債権処理にすべて投入すれば、100兆円の損失は20年で処理できる。こうして、日本の銀行は20年の時間をかけて不良債権問題を処理したのである。これが、日本の「失われた20年」の一断面である。

しかし、経済効果を吟味すると、本当は預金者が受け取るべき預金金利が、政策誘導で消し去られ、その利益が、そのまま銀行の利益に移転されたと理解できる。

銀行は倒産せずに救済されたが、その救済のために、20兆円のお金が家計部門から銀行部門に移転された。一般個人が虐げられて、大銀行だけが破格の優遇を受けてきた日本経済の不都合な真実は、ここにも観察される。

今回の中国株価バブル崩壊に伴う不良債権問題は、皆無ではないが、限定的な規模に留まると考えられる。株価バブル崩壊で中国経済が危機に陥るリスクは限定的であると考えられる。

しかしながら日本経済に与える影響は軽微ではない。嫌中、反中の人々が、中国経済の混乱を喜んでいるが、浅薄《あさはか》だ。中国株価バブル崩壊の影響をもっとも強く受けるのが日本経済である可能性が高いからだ。

中国人訪日客による「爆買い」と本邦不動産への巨額資金流入の素地を作ったのは人民元の

上昇だが、最大の原動力になったのは中国株価の急騰だった。その株価が急落したのだから、中国人訪日客による「爆買い」と本邦不動産への巨額資金流入は急速に冷え込むだろう。

中国人民元は、人民銀行による人民元切り下げ措置にもかかわらず、大幅な下落を示していない。したがって、中国人の訪日客の急減は生じないと思われるが、日本での資金投下金額は急減するのではないか。富裕層の「爆買い」、本邦不動産投資は急減すると見込まれるのだ。

中国政策当局は、欧米の経済金融の歴史を詳細に検証し、インフレの未然防止、バブル発生の未然防止などを重要な政策課題として位置づけてきた。しかし2014年から2015年にかけての展開においては株価暴騰に対する対応が遅れ、さらに、株価急落が完全に鎮静化する前に人民元を切り下げたことにより、波乱を拡大させるという現実を招いてしまった。この意味で、中国官僚の無謬神話には大きなひびが入ったと言える。

見極めが難しい中国経済の実態

株式市場に限定して言えば、株価バブル消滅に伴う影響は、決して小さなものではないが、極めて短期間に発生した急騰と急落であったために、その影響は限定的と考えられる。むしろ、より重大な問題は、中国経済そのものが実態としてどの程度悪化しているのかという点である。

2016年から17年にかけて経済活動停滞が加速し、失業が増大し、企業倒産が頻発することになれば、金融部門に波乱が生じる。

中国からの資本逃避が拡大し、中国の経済危機が現実味を帯びる。しかし、中国の経済統計全般を全面的に信頼することはできず、中国経済の実情を捕捉することは容易でない。

月次で発表されるPMI、物価動向、そして、あらゆる情報の集積場である株式市場で形成される価格=株価動向を注視する必要がある。

既述したように、2014年7月から2015年8月の急騰急落局面を除けば、中国株価推移は製造業PMIと強い連動関係を示してきた。一連の株価バブル生成、崩壊が一巡すれば、再び株価は経済実態を正確に反映する、優良な「経済指標」になり得るだろう。

株式市場は、株式投資者の損得を直接左右する市場であるため、常に各種各様の様々な情報が流入する。その情報によって価格が形成されるため、一時的に株価が理論的妥当値を大きく離れることはあっても、長期をならしてみれば、実体経済をある程度正確に映し出す鏡の役割を果たすと考えられる。

中国経済が本格的に崩落過程に突き進む場合には、それを予見するように株価の崩落が進行するだろう。上海総合指数では2000ポイントが岩盤となってきた。この2000ポイントを下回り、中国株価の暴落が生じる場合には、中国経済が崩壊過程に入った可能性を強く警戒するべきだ。中国株価への特段の注視が求められる。

第2節 中国経済リスクの本質

経済活動の急速な停滞と不動産市況の悪化

中国経済が苦境に陥った原因として指摘されるのは、2009年のサブプライム金融危機に伴う世界同時不況に際して、中国政府が4兆元の景気対策を実施したことであると指摘される。4兆元は1元＝12円で換算し、約50兆円。直近の1元＝20円で換算すれば80兆円規模の景気対策ということになる。極めて大規模な景気対策である。

しかし中国のGDP規模そのものが拡大しており、直近の統計数値は中国GDPが1200兆円規模に達していることを示す。200兆円が水増しだとする指摘もあるから、幅をもって捉える必要があるが、少なくとも1000兆円規模はあるとして差し支えない。

そうなると、50兆円から80兆円規模の景気対策の対GDP比は5％から8％程度ということになる。麻生政権や安倍政権が編成した補正予算規模が約14兆円で、この対GDP比は約3％である。したがって、日本で行われている大型景気対策の約2倍規模の対策ということになる。大型景気対策には違いないが、数年かけて実施されているものであり、これで中国全体が傾くということはあり得ないという規模である。

この4兆元の景気対策を行う際に、地方政府が大規模な投資を実行した。その中心は建造物の建設で、巨大な商業施設や高層住宅が建造された。

こうした設備資産が需要に対し過大になり遊休化して、投資資金の返済が滞るという事態が発生している。いわゆるシャドーバンキング問題は、こうした経緯で生まれたものである。

企業や地方政府による、銀行を経由しない資金調達資金が高利回り金融商品として、投資家に提供されてきたが、その残高が500兆円規模に膨張したと見られている。

これらの理財商品の一部にデフォルトが発生して、警戒感が高まっている。問題が拡大すれば経済活動に与える影響は深刻になり、金融システム不安も顕在化する。

李克強指数と呼ばれる電力消費量、鉄道輸送量、銀行融資量の三つの指標を見ると、たしかに2014年半ば以降の中国経済は、厳しい状況にある。エネルギー消費量の2015年前半伸び率がほぼゼロ。粗鋼生産量はマイナスを記録した。エネルギー消費量は2010年から2012年にかけては2桁の伸びを示していた。これと比べると、とりわけ製造業の活動停滞には警戒感を持たねばならない。また、中国経済の拡大を支えてきた住宅市場の状況も急変している。２０１４年後半から住宅販売の停滞が広がっており、不動産市況の悪化が警戒されている。

ポイントは国内消費の拡大と海外需要の開拓

中国経済の本質的な問題は需要構造の不安定性にある。過大な投資比率が問題である。生産活動は最終的に消費需要を満たすために行われる。過大な投資は、消費を軸とする最終需要に対して過大な生産能力をもたらすから、設備は遊休化し、設備資金は不良債権化せざるを得なくなる。

中国政府はこの点を認識しており、これを是正するのが「新常態」への移行である。「新常態」に移行するために、消費の拡大と海外需要の開拓が迫られている。中国政府は懸命にこの課題に取り組んでいると判断できる。

製造業の活動状況を示すＰＭＩ統計は政府と民間企業の双方によって提供されてきた。民間統計のスポンサーはＨＳＢＣから財新に切り替わった。同時に、当該月下旬に発表されていた速報値の発表が中止され、確報値に一本化された。中国政府が経済統計発表にも神経を尖《とが》らせていることが窺《うかが》われる。

最重要統計の一つであるPMIでは、50ポイントが、景気回復と停滞の目安である。製造業PMIは50を下回って推移しているが、大きく割り込んでいるわけではない。中国経済崩落説を検証する意味でも、この数値に注目しなければならない。

第3節　キャピタルフライトと金融危機

米日欧の通貨切り下げ競争

2015年8月11日から13日にかけて、中国人民銀行は実質的な人民元切り下げ措置を実施した。人民元売買の基準となる対ドル為替レート基準値を3日連続で前日の基準値より引き下げた。合計で約5%の人民元切り下げを行ったのである。この人民元切り下げに対し、IMFは歓迎声明を発表した。人民銀行による新しい基準値設定の方式は、IMFの事前アドバイスに添ったものである。中国人民元は、11月30日、IMFのSDRに組み込まれることが決まった。その一環として人民銀行は、IMFのアドバイスに添ってこの措置を実行したのである。しかしながら、この人民元切り下げが、大きな波乱を呼び起こしたことは既述のとおりである。

2009年以降の世界市場を見ると、金融緩和政策による自国通貨切り下げ措置を最初に実行したのは米国である。サブプライム危機に伴い、ニューヨーク株価は暴落した。このなかでバーナンキ議長率いるFRBは、金融危機を回避するために無制限、無尽蔵の流動性供給を行った。リーマンブラザーズは破綻させられたが、他の大手金融機関は、FRBの資金によって救済された。世界最大の保険会社であるAIGがその一つであり、米国の巨大公的住宅金融機関であるファニーメイ（連邦住宅抵当公庫）なども公的管理下に移行した。

金融恐慌のリスクに直面したFRBは、無制限、無尽蔵の流動性供給を決定し、実行した。これが、その後のドル大幅下落の背景になった。ドル円レートは1ドル＝100円水準から1ドル＝75円水準へと急落した。

こうした政策対応の結果、ニューヨークダウは、2009年3月9日の6547ドルから急反発した。2009年には1万ドルの大台を突破し、2012年には1万3000ドルにまで接近した。金融緩和政策を強化し、自国通貨を切り下げる。このなかで経済の改善と株価の反発を誘導した先頭ランナーが米国だった。

2012年11月以降の日本の動きは、この政策誘導を2番手ランナーとして展開したものである。安倍晋三氏は金融緩和強化を提言し、日銀総裁に黒田東彦氏を起用し、量的緩和政策の強化を打ち出した。この金融緩和政策追加に連動して円安が進行し、日本株高が進行した。

米国と日本が自国通貨切り下げ措置を取り、景気回復と株価上昇を実現したなかで、最後に動いたのがEUである。ECBは2015年1月から量的金融緩和政策を実施し、ユーロ下落を誘導した。これに連動して欧州の株価も上昇した。

中国経済は2012年以来、3度の浮上チャンスを得たが、いずれも米ドル上昇に連動する人民元上昇によって、そのチャンスを生かせなかった。中国経済の停滞は長期化し、2014年7月以降に株価急騰による景気改善への手がかりをつかみかけたが、2015年6月以降は、その株価が急反落してしまった。

中国政策当局は、株価下落が収束したと判断して人民元切り下げに動いたのだと思われる。金融緩和政策を強化して中国人民元切り下げを誘導すれば株価も反発する。その想定があったのだと推察される。人民元切り下げ、景気底入れ、株価上昇の連動関係を期待したのだと考えられる。

ところが現実は、期待と反対の方向に進んだ。中国株価は反発せずに急落したのである。

TRIレポート＝『金利・為替・株価特報』8月17日号に、こう記述した。

「中国経済は、2012年秋以降の米ドル高連動の、他通貨に対する人民元の大幅上昇により輸出競争力の大幅低下による経済減速に苦しんできた。このなかで、本年6月以降、大暴騰した株価が調整局面を迎えたため、経済の下方スパイラルが発生するリスクに直面している。

この事態に対して、中国人民銀行は金融緩和政策の強化と連動して、人民元切り下げ措置に踏み切った。中国の株式市場は人民元切り下げを冷静に受け止めているが、グローバルに金融市場が動揺する事態が生じている。

この動き自体は大規模なものではないが、各国による通貨切り下げ競争が加速するとの思惑が広がれば、為替市場に投機的な資本移動が大規模に発生するリスクが高まる。通貨が下落する余地のある国が投機のターゲットとされ、大規模な資本逃避＝株価急落の連鎖が生まれる危険がある。グローバルな金融市場の連鎖に当面は最大の警戒を払う必要がある」

筆者が警戒した最大の事象は、キャピタルフライト＝資本逃避の動きである。中国経済を支えてきた大きな原動力の一つに海外からの資本流入がある。中国経済の将来に対する期待から、巨大な資本が中国に流入してきた。その前提は、中国人民元の上昇である。中長期で見て、人民元が上昇する蓋然性は高い。中国の成長力、通貨上昇力という暗黙の前提に裏打ちされて、グローバルに資本が中国市場に流入してきたのである。

しかしながら、その中国自身が、自国通貨を切り下げると受け取られる措置を取った。このことは、中国に対する資本流入を推進してきた資金提供者から見れば、まさに寝耳に水の事態であった。中国人民元に対する投資の優位性を根幹から揺るがしてしまいかねない措置であると受け止められたのである。

人民元切り下げが株価急落を招いた理由

新興国、成長国の成長を支える大きな要因に、海外からの安定的な資本供給がある。しかし、この資金の流れが逆流すれば、経済全体が大きな混乱に陥る。2007年に発生したアジア通貨危機は、その典型例であった。グローバルに移動する巨大資本は、瞬時に巨大な資金移動を実現する。その資本移動が一国の金融市場全体を根幹から揺さぶってしまう。

1997年の金融危機において、標的とされた国は、基本的に経常収支の巨額赤字国であった。経常収支の巨額赤字国は、その経常収支を改善しなければならない。ところが海外からの資本供給によりその国の通貨が上昇してしまうと、対外収支の改善の目処が立たない。かつて1985年に米国が巨大な経常収支赤字を計上しながら、ドル高の状態に置かれた局面があった。ドル高は、さらに米国の経常収支を悪化させてしまう。その矛盾を人為的に取り除こうとしたのが、1985年9月の「プラザ合意」だった。

「プラザ合意」は米ドルを人為的に切り下げる合意だった。アジア金融危機においては、この

世界緩和バブルの終焉で危ない国・地域

国名	①対外債務の外貨標準高比率（%）	順位	②経常収支赤字のGDP比率（%）	順位	③対中国輸出依存度（%）	順位	④実質GDP成長率（%）	順位	⑤消費者物価上昇率（%）	順位
トルコ	350.0	1	▲7.9	1	1.9※	14	4.0	8	7.5	11
南アフリカ共和国	304.3	2	▲5.8	2	14.3※	5	1.9	2	5.7	6
インドネシア	274.0	3	▲3.4	4	12.4	7	5.8	11	8.4	12
ベトナム	189.6	4	6.5	11	10.0	11	5.4	10	6.6	10
マレーシア	165.2	5	5.1	9	13.5	6	4.7	9	2.1	3
ロシア	155.2	6	1.6	7	6.8	12	1.3	1	6.5	9
インド	154.6	7	▲1.9	5	4.7	13	6.9	12	9.7	13
韓国	121.8	8	6.1	10	26.1	2	3.0	6	1.3	2
タイ	88.0	9	▲0.6	6	11.9	9	2.9	5	—	
ブラジル	86.6	10	▲3.6	3	19.0	4	2.5	4	5.9	8
フィリピン	77.3	11	3.8	8	12.2	8	7.2	13	3.0	5
台湾	0.6	12	11.7	12	26.8	1	2.1	3	0.8	1
シンガポール	0.0	13	18.3	13	10.8	10	3.9	7	2.4	4
ミャンマー	—		—		24.9	3	8.3	14	5.7	7

※2012年の数値　＊数値は2013年。対中国輸出依存度は、輸出における中国向けの輸出の割合。BRICS、ASEAN、東アジア、フラジャイル5に含まれる国で、日本貿易振興機構（JETRO）の統計データから数字が取れる国を対象とした。国名は、対外債務の外貨準備高比率の高い順に並べた。各項目の順位は、高いほどリスクも高いことを示す。各項目の上位5カ国に色を付けてある。「—」はデータなし。JETRO資料を基に本誌編集部作成　（出典：週刊ダイヤモンド2015/9/12号）

ような矛盾に直面する国に対し、その矛盾を解消させる方向に市場が反乱を起こしたものと理解できる。資金が短期間に一国から流出すれば、通貨が急落すると同時に、資本流出の影響で株価が急落し、金利が急騰してしまう。通貨下落、債券下落、株価下落のトリプル安こそ、キャピタルフライト＝資本逃避、あるいは通貨暴落の基本図式である。中国による人民元切り下げ措置は、この種の資本逃避＝通貨暴落のリスクを想起させるものだった。

　同時に2014年後半以降、原油価格急落に連動して資源価格下落が進行した。これと連動して、資源国の経済状況が不安定化した。これらの国々の多くが中国依存度の高い国だった。

中国が人民元を切り下げ、キャピタルフライト＝資本逃避のリスクが、連想として広がるなかで、同様のキャピタルフライト・リスクの図式が他国に波及した。金融用語で、伝染効果＝コンテイジョン・イフェクトと呼ばれる事態が警戒された。とりわけ警戒感が強く持たれたのは、対外債務の規模が大きく、かつ経常収支の赤字が大きな国である。トルコ、南アフリカ、インドネシア、そしてインドのリスクが強く意識された。実際、これらの国々の通貨は、すでに原油価格、資源価格の下落に連動して、大幅下落推移を示していた。

第3章で日本円の動向について考察したが、これらの国々の対日本円レートは、すでに大幅下落に転じていた。すなわち円安ではなく、円高が進行していたのである。

中国人民銀行による人民元切り下げは、新興成長国からの、資本の巨大流出というリスクを想起させるものだった。このリスクを拡大する要因と捉えられたのが、米国の利上げである。米国が利上げを行うことにより資本逆流が加速される。新興国経済が成長を遂げてきた背景に、米国による巨大流動性供給があった。米国がドルを大量供給して、ドル安を誘導する政策は、裏を返せば、新興国通貨が上昇し、新興国への資金流入を促進する政策であるが、米国が金融緩和から金融引き締めに方向を変えれば、この方向も逆転する。

新興国の中核的存在が中国であり、その中国が、自ら通貨を切り下げる措置を取ったことによって、キャピタルフライト＝資本逃避への警戒感が一気に広がったのである。

中国政策当局は、金融緩和強化、自国通貨切り下げ措置の採用で、株価反発と景気回復を誘導しようとしたのだろうが、現実には、逆にキャピタルフライト＝資本逃避のリスク警戒感を呼び起こし、中国株価急落の事態を招いてしまったのだ。

中国人民銀行の機動的対処

誤算を認識した中国政策当局は、すかさず基本方針転換に動いた。中国人民元切り下げではなく、中国人民元下落阻止にスタンスを大転換したのである。

中国人民銀行は3・4兆ドルの外貨準備を保有している。人民元下落が加速し、人民元暴落のリスクが表面化する場合、米ドルの上昇を抑制するために、手持ちのドル資産を売ることができる。中国人民銀行は実際に保有ドル資産を売却し、ドル上昇、人民元下落を回避するスタンスを示した。円人民元レートで見れば、1元＝20円水準にあった人民元は、人為的な人民元切り下げ措置の実施後でも、1元＝19円の位置にある。人民元暴落は現実に生じていない。

また、12カ国による交渉が大詰めの段階を迎えていたTPP＝アジア太平洋経済連携協定においては、米国議会が、交渉参加国の自国通貨切り下げ措置禁止を協定に盛り込むことを強く求めている。

中国はTPP交渉参加国でないが、米国議会は他国の自国通貨切り下げ措置に対して、強い警戒感を有している。自動車産業の労働者などが、ドル上昇で損失を蒙る恐れが高いからだ。この視点から米国議会は、中国の人民元切り下げに対しても強い警戒感を有しており、これらを踏まえて人民銀行は人民元切り下げを、極めて小規模な段階で抑制するスタンスを採用したのだと思われる。

第4節　危機は回避されるのか

中国政府は景気支援策に基本姿勢をシフトした

中国経済の停滞を最も正確に認識し、最も強い警戒感を抱いているのは、中国政府最高幹部自身である。2015年9月に、トルコのアンカラで開催されたG20会議で、中国人民銀行の周小川総裁が、「バブルがはじけた」と発言した。

ここで周氏が述べたのは、中国株価がバブルだから、今後も危険だということではなかった。

バブル生成の要因として周氏は「レバレッジの拡大」を挙げた。信用取引や場外での借り入れによる株式購入が、株価を押し上げる要因になったことを指摘したのである。

中国当局は6月になって「レバレッジ」を縮小させる方向の政策を実行した。この政策対応が株価急落をもたらした。中国株価は6月以降、3回の株価急落局面を経過したが、周総裁は3度目の株価急落、すなわち8月後半の株価急落がグローバルに影響を与えたと述べた。

同時に周氏が指摘したのは、3月から6月にかけての株価上昇がバブルであり、このバブルが基本的には消失したということだった。

中国の楼継偉財務相は、アンカラの会議で、今後5年間、中国経済は苦難の過程を歩むとの認識を示した。楼財務相は中国の財政制度構築に20年にわたり関与してきた人物である。財務相に就任したのは2013年3月。周氏は2009年以降の4兆元の景気対策が、地方を中心に過剰な債務と過剰な設備を生み出してしまったことを踏まえ、簿外での地方政府による資金調達を遮断するための措置を取ると同時に、透明性の高い地方債市場を作るための取り組みを示してきた。地方政府の巨大な債務負担を取り除くことが必要であるとし、基本的には緊縮的な財政政策運営を推進してきたのである。

しかしながら、習近平国家主席をトップとする中国政府最高幹部は、経済政策運営において、中国経済改善を優先する方向に軸足を移した。これに連動して、中国政府は財政政策の基本姿勢を緊縮財政から景気支援支持に方向を転換しつつあると見られる。中国政府の財政政策対応余力は大きい。他方、金融緩和政策を今後も強化する方向が示されている。

中国は巨大な経済問題を抱えながらも、景気底割れ、経済崩落を防ぐために、財政金融政策を総動員する体制に移行しつつある。したがって、中国経済が必ず崩壊過程に移行すると断定するのは時期尚早である。

日本の1990年以降の事例が明確に示すように、当局の政策対応が景気循環形成に与える影響は極めて大きい。決定的に大きいと言ってよい。その政策運営方針において中国政策当局が景気支持優先のスタンスを明確化しつつある。

格差拡大こそ中国最大のリスク

最大のリスクは、中国の政治リスクだ。2015年8月に天津市で大規模な爆発事故が発生した。事故原因の詳細は明らかでないが、一種のテロ行為が発生したとの見方もある。中国のGDP成長率が7%水準を維持できない場合、すべての中国労働者の所得増加が確保されなくなると指摘されている。貧富の格差拡大が、中国でも大きな社会問題になっている。GDP成長率が7%水準を超えている場合には、低所得者も所得増加を享受《きょうじゅ》できる。貧富の格差が拡大しても、自分自身の所得水準が増加している限り、不満が爆発しにくいと言われる。

ところがGDP成長率が7%を下回り、3%、あるいは0%成長ということになると、貧富の格差が拡大するだけでなく、中低所得者の所得水準自体が下がることになる。失業者も増大する。こうなると、民衆の不満爆発を抑えられなくなる。

習近平主席は、国民の不満を抑制するために汚職摘発を加速させている。中国政府最高幹部は政治局常務委員である。かつては9人、いまは7人で、チャイナナイン、チャイナセブンと呼ばれる。この常務委員経験者まで汚職摘発の対象にされている。

汚職摘発の強化は、民衆の不満爆発を抑制するためのものである。しかし、経済悪化が加速すれば、社会政治情勢は急激に不安定化すると考えらえる。だからこそ、習政権はいま、経済改善に全力を注ごうとしているのだと思われる。

習近平主席自身が、テロの標的とされるというリスクも存在する。中国政治が根本的な動揺をきたす場合には、金融市場にショックが走る。経済危機に伴うリスクよりは、むしろ、この政治混迷に伴うリスクが大きいと考えられる。

第5節　より重大な経済反転リスク

米国の利上げは警戒すべき要因か？

2016年の展望に際して、一般論として流布されているリスクシナリオは、米国の利上げと中国経済崩落により、世界経済が沈むというリスクである。新たな巨大経済危機が到来するとの図式が描かれている。

中国経済が底割れ、メルトダウンする場合には、この図式が顕在化してしまうだろう。その場合、米国は利上げに進んでも、利上げ継続方針を取り下げざるをえなくなるだろう。

また、欧米株価は2009年から2015年まで、6年強にわたって大暴騰してきた。2000年から2002年にかけての調整、2007年から2009年にかけての調整と同種の本格調整が、2015年から2017年にかけて発生するとのシナリオも、株価循環のサイクルとして描きやすい。株価長期波動は、2015年から2017年にかけての大きなリスクを示唆している。この警戒論を排除できない。

FFレートとS＆P500

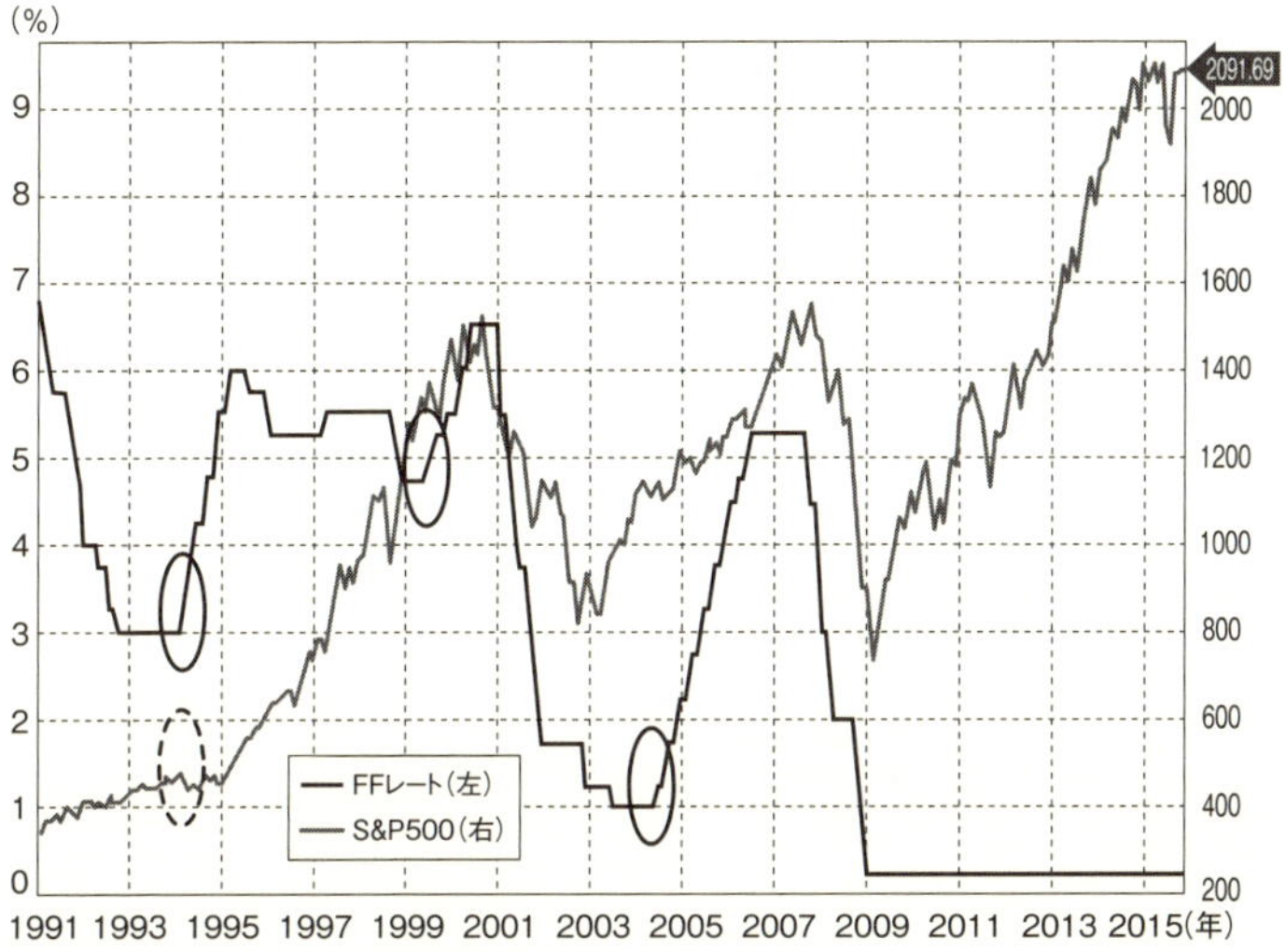

出所：Bloomberg、FFレートは誘導目標

しかしながら、多数派説が現実化する保証はどこにもない。２０１３年末に日本株価のさらなる大幅上昇が予測されていた。しかし年明け後、株価は下落に転じた。１９８９年末も同じ。１９９０年の株価７万円という威勢のよい声が聞かれたが、年明けとともに暴落に転じた。

２０１５年から16年にかけて、中国経済が底割れ・崩落しないケースを考察することが必要だ。中国経済が緩やかながら改善基調に転じるケースである。

米国では12月４日発表の雇用統計が強い指標になったから、金融市場の動揺が12月までに確認されない場合、12月16日のＦＯＭＣで利上げが実施される可能性が高まっている。過去を検証すると、米国の利上げ着手が、株価下落を必ずしももたらしていないことがわかる。また、米国の利上げが必ずドル高をもたらしていないこともわかる。利上げ＝ニューヨーク株価下落、利上げ＝米ドル高、という単純な図式を決めつけるべきでない。

第6章

安倍政権のゆくえ

第1節　戦争法制定と2016年参院選

「ねじれ」解消をもたらした株価上昇

2016年の金融市場動向を考察する際、日本の政治情勢の考察を欠かせない。

2000年4月に発足した森政権は、わずか1年で総辞職に追い込まれ、2001年4月に小泉純一郎政権が誕生した。この小泉政権が2006年秋まで5年半にわたり政権を維持した。

しかし、2006年9月に発足した第一次安倍政権がわずか1年で総辞職に追い込まれると、次の福田康夫政権、麻生太郎政権も、それぞれ1年の短期で幕を閉じた。麻生政権の下で実施された2009年8月30日の総選挙では、鳩山由紀夫代表率いる民主党が大勝。日本の主権者が1946年以来、初めて、自らの判断で本格的な政権交代を実現させた。

しかし、主権者の圧倒的な支持によって誕生した鳩山政権であったが、わずか8カ月半の短期間で幕を閉じることになった。2010年6月には菅直人政権、2011年9月には野田佳彦政権が誕生したが、2012年12月16日総選挙で野田佳彦民主党が大惨敗して、政権は安倍

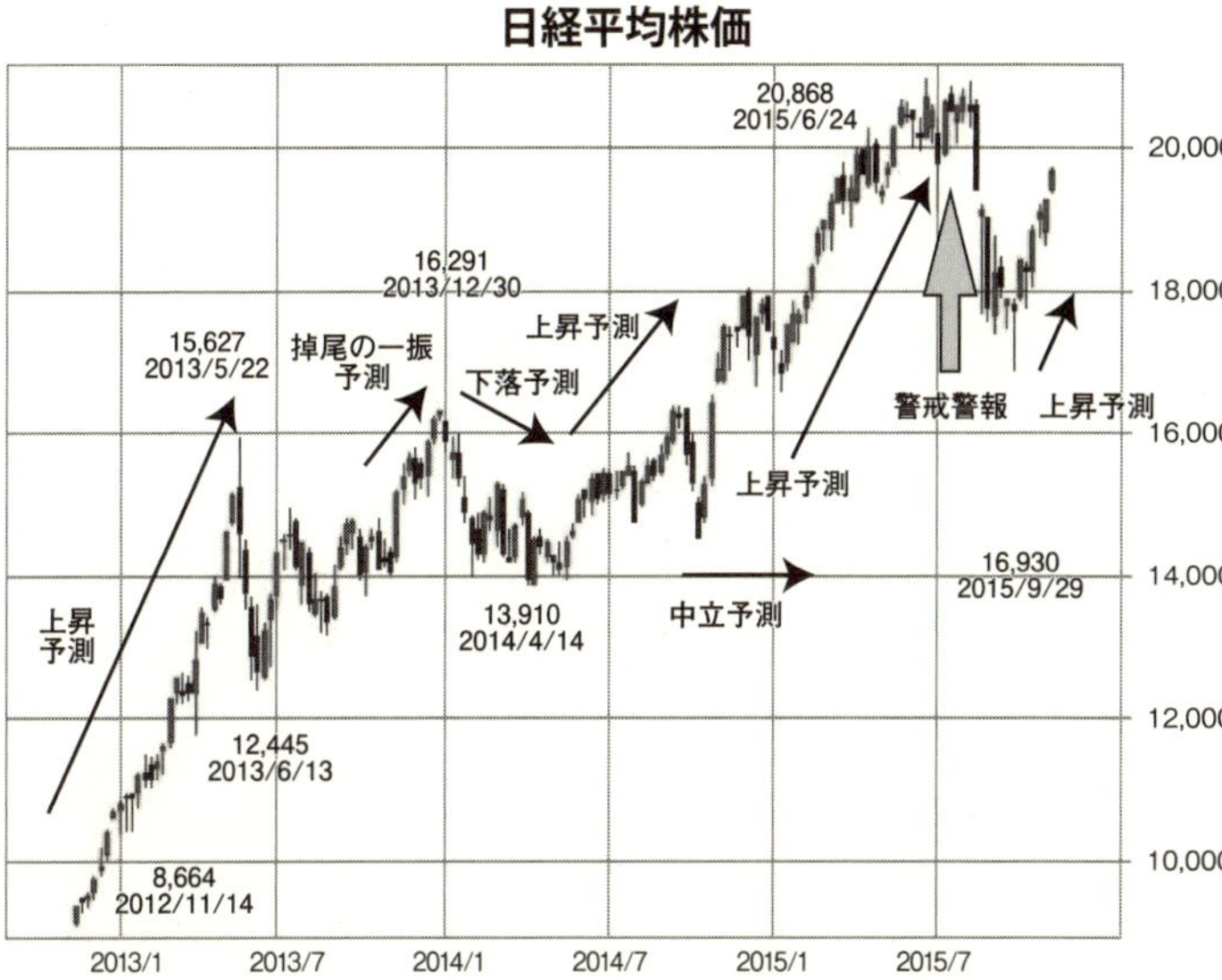

自民党を軸とする自公勢力に回帰した。

政権再交代がもたらされた2012年12月の総選挙から丸3年の時間が経過した。誕生した第二次安倍晋三政権は小泉政権以来の長期政権となっている。政権長期化の第一の要因は、株価上昇だ。野田佳彦氏が衆議院解散を宣言した2012年11月14日の日経平均株価終値は8664円だった。この株価が、第二次安倍晋三政権誕生後1年経過した2013年12月30日に1万6291円に到達した。さらに2015年6月には2万868円の水準にまで上昇した。この株価上昇が安倍政権を支えてきた。

経済と政治は不可分に結びついている。第一次安倍政権が終焉したのは2007年9月のこと。日経平均株価は2007年7月9日の1万8261円をピークに、サブプライム金融危機を背景にして2009年3月にかけて暴落し、その後、野田佳彦氏による衆院解散宣言の2012年11月14日まで、長期低迷を続けた。

この期間、日本の総理大臣が、毎年交代する時代が続いた。

株価変動が政治に影響を与える一方で、時の政権の経済政策運営が、経済動向、株価動向に影響を与える。2012年11月の衆院解散宣言から3年間、日本株価は堅調推移をたどったが、その間に堅調推移が挫折してしまうリスクが何度かあった。

最も深刻な影響を与えたのが2014年度の消費税増税であった。日本株価は2014年初から下落し、年後半にやや持ち直したものの、10月に再び調整局面を迎え、重大な岐路に立たされた。この局面で安倍政権が2015年10月の消費税増税を先送りした。

そこに、原油価格急落という、安倍政権にとっての天佑が提供されて株価が反発。日経平均株価が2万円を突破した。他方で安倍政権は、株価上昇を人為的に誘導することによって2013年7月の参院選、2014年12月の衆議院総選挙に勝利を収めた。

2013年7月の参院選で安倍自民党が勝利した結果、安倍政権与党は、衆参両院で過半数議席を占有した。いわゆる「ねじれ」を解消したのである。

2006年から2012年まで7年連続で政権交代が繰り返された最重要の背景が「ねじれ」だった。衆議院の多数議席を占有する勢力が政権を樹立するが、参議院で過半数議席を占有できない状態では、政権が極めて脆弱になる。野党が過半数議席を占有する参議院で首相や大臣に対する問責決議が可決されると、政権は死に体になってしまう。福田康夫首相は党首討論で「かわいそうなくらい苦労しているんですよ」と述べた。「ねじれ」下の政権運営は極めて難しい。

安倍政権は2013年7月の参院選で「ねじれ」を解消したが、その3年前の、2010年7月参院選では、民主党政権が「ねじれ」を解消するチャンスに直面した。

しかし、2010年7月参院選で「ねじれ解消」を強調したマスメディアは存在しない。2013年7月参院選でマスメディアが「ねじれ解消」を大合唱したことと天地の差がある。

至上命題だった小沢ー鳩山政権のせん滅

日本政治は、戦後の70年間、基本的に既得権勢力によって支配されてきた。既得権勢力とは、米国、官僚、大資本、利権政治勢力、マスメディアの五者である。2009年9月発足の鳩山由紀夫政権は、既得権による日本政治支配構造を破壊する脅威だった。

この政権樹立を牽引したのは小沢一郎氏であるが、既得権勢力による日本政治支配の構造を破壊しかねない最重要危険人物として小沢一郎氏と鳩山由紀夫氏が、いわゆる「人物破壊工作」

の標的とされた。

既得権勢力は、2010年7月参院選での小沢−鳩山民主党勝利絶対阻止を至上命題にしたと推察される。

この至上命題に沿って、鳩山政権を破壊し、後継政権として既得権勢力側に転向した菅直人政権を樹立し、さらにその後継政権として、同じく既得権勢力に転向した野田佳彦政権を樹立したのである。

小沢−鳩山政権が破壊されず、この政権が2010年7月参院選に勝利していれば、日本の政治史は真新しい局面を切り拓いたはずである。

2010年6月政変で誕生した菅直人政権は、既得権勢力の傀儡《くぐつ》政権であったと言ってよい。

野田佳彦氏は、2009年8月総選挙に際して、「シロアリを退治しないで消費税を上げるのはおかしい」と声を張り上げた人物である。この野田氏が、「シロアリ退治なくして消費税増税なし」の公約を掲げたまま、消費税増税決定に突き進んだ。

野田氏は2012年12月の衆院総選挙を挙行した。野田民主党が大惨敗することは既定事実であり、野田氏は意図して安倍晋三氏に大政を奉還したと見ることができる。この解散の最大の狙いは、小沢新党のせん滅にあったと考えられる。

日本政治を支配し続けてきた既得権勢力にとって、最大の脅威は、小沢一郎氏と鳩山由紀夫氏だった。その小沢氏が、消費税増税封印の公約を堅持する民主党議員と共に新党を結成した。既得権勢力にとって、消し去ったはずの最大の脅威が再出現したわけで、この勢力をせん滅することが最重要の目標になった。

マスメディアは小沢新党報道を完全封印し、野田氏は、小沢新党が政党交付金受領の権利を確保する前に総選挙を実施した。

2010年7月参院選で菅直人民主党が大惨敗した主因は、菅直人氏が突然、消費税増税の方針を提示したことにあった。参院選後に菅直人氏が順当に退いていれば小沢一郎政権が誕生していた。だからこそ、既得権勢力は総力を挙げて政権交代を阻止した。

しかし、9月に民主党代表選が実施され、小沢氏が新代表に選出されて小沢政権が誕生する可能性が濃厚になった。この「危機」に際して実行されたのが、史上空前の不正選挙であったと推察される。不正な民主党代表選により菅政権が存続することになり、政治刷新の幹が断ち切られたのである。

「ねじれ」の解消と安倍政権の暴走

第二次安倍政権は3年の長期政権を実現させているが、その政権基盤を固める土台になったのが２０１３年7月の参院選である。日本の政治制度では、国政選挙に3連勝すると、ねじれのない安定した政権基盤を確保できる。

自民党陣営は２０１０年参院選に勝利し、２０１２年総選挙で勝利を得て、政権を樹立した。そして、２０１３年参院選でも勝利して、ねじれを解消した。

この情勢を背景に安倍政権が暴走している。特定秘密保護法を制定し、集団的自衛権行使容認を閣議決定し、２０１５年9月19日に「戦争法」と表現される安保法制を強行制定した。

この延長上で２０１６年7月、次の参議院議員通常選挙が実施される。安倍政権与党が勝利すれば、安倍政権は憲法改定に手をかける可能性が高い。

このことが日本経済および金融市場に与える影響を考察しなければならないが、その際には、中短期の影響と、中長期の影響を明確に区別して考察することが大切だ。

安倍政権の経済政策運営の基本は「弱肉強食」推進だ。また、安倍政権は、総需要管理より、供給力強化に軸足を置く。ケインズ政策ではなく、供給サイドの効率、供給サイドの利益拡大に軸足を置く。

「弱肉強食」推進は、資本の論理に立つ政策路線であり、中短期では、この政策が企業利益を増大させ、株価上昇を誘導する。しかし、資本の論理の飽《あ》くなき追求は、労働力の疲弊をもたらす。疲弊した労働力は、自分自身の再生産困難な状況に陥《おちい》る。民が亡べば、最終的に資本も亡びるしかなくなる。暴走する安倍政権の未来は暗黒に包まれている。

安倍暴政にストップをかけられるのかが最大の焦点

２０16年7月10日投開票と見込まれる参院選がどのような結果を示すのか。その後の政策運営を左右する重大問題である。

２０１５年９月19日の安保法制強行制定直前の8月30日には、10万人を超す主権者が国会を包囲した。主権者が安倍暴政に対して自発的に立ち上がった結果であった。

安倍政権は採決を連休前に強行した。9月19日に法律を成立させることができなければ、5連休の日本列島が戦争法制反対の色に染め抜かれてしまうことを恐れたのである。集団的自衛権行使を容認する安保法制を、大多数の憲法学者が違憲だと指摘している。

ナチスドイツの独裁者アドルフ・ヒトラーが著書『我が闘争』に、「大衆は理解力に乏しいが、忘却力に富んでいる」と記している。安倍首相はこの言辞を信奉していると見られるのだが、日本の主権者が、２０１５年９月19日の戦争法制強行制定の記憶を２０１６年7月参院選まで保持し続けることができるか。主権者の記憶力が問われる局面である。

２０１６年７月参院選で与野党逆転が生じる可能性

参議院の定数は２４２議席。３年に一度、その半数である１２１議席ずつ改選される。当選した参議院議員は６年の任期を得る。２０１６年夏の参議院選挙で改選されない議員は、自公が76、安倍法制に賛成した野党が９、反対勢力はわずかに36人である。

与野党逆転には、自公を44議席以下にすることが必要であり、安倍法制反対勢力が過半数を占有するには、自公プラス安保法制賛成野党を合計で35以下に抑え込まねばならない。

これは極めて困難である。したがって政治の流れを変えるには、まずは自公を当選者数と改選半数の60以下に抑え込むことを実現し、次の総選挙に勝負をかけることが重要になる。

参議院議員選挙は、47の都道府県を選挙区とする選挙区選挙と、全国区での比例代表選挙の２本立てで行われる。選挙区の定数が73、比例代表の定数が48、合わせて１２１の議席が争われる。

47都道府県のうち、鳥取・島根と徳島・高知が合区となった。２県で１人が選出される。他の43都道府県のうち、30の県が定数１。茨城、静岡、京都、広島が定数２、北海道、埼玉、千葉、兵庫、福岡が定数３、神奈川、大阪、愛知が定数４、東京が定数６である。

参院選結果に最も強い影響を与えるのが32ある１人区だ。１人区で大勝した勢力が参院選を制すると言っても過言でない。

この１人区で自公を敗北させるには野党連合が必要になる。野党共闘が実現するかが大きな焦点になる。しかし野党が勝てば政治が変わるかと言えば、そうとは言い切れない。野党のなかに、政策が自公と変わらない勢力が存在するからだ。

カギを握る自公対峙勢力の結集

安倍政権与党は２０１４年12月の総選挙で、衆議院４７５議席の68％にあたる３２６議席を獲得した。獲得議席数で安倍政権は圧勝した。しかし、選挙の内情を見ると安倍政権の基盤は驚くほどに脆弱である。この衆議院総選挙において、安倍政権与党である自公勢力が比例代表選挙で獲得した得票数は全有権者の24・７％にしか過ぎなかった。自民党単独では17・４％だった。

自公が勝った理由は投票率が52・66％だったことと、非自公の投票が分散したことにある。自公陣営は２９５の小選挙区において候補者を１人に絞りきったが、非自公勢力は、候補者を１人に絞り込むことができなかった。このために、小選挙区制の特性で自公が圧勝したのだ。

こうした現実を踏まえると、共産党を含む自公対峙勢力が共闘し、選挙区での候補者を１人に絞り込むことが重要になる。筆者が創設した「オールジャパン平和と共生」連帯運動では、原発・安保法制・TPP・基地・格差の五大問題で公約を明確化する候補者を一本化することを目指している。多くの主権者運動が展開されており、この種の活動が結実するのかが焦点になる。

2016年以降の日本経済、金融市場を洞察していくうえで、2016年夏の参院選を軸に展開される政局変動は極めて重要な意味を持つことになる。

第2節　落日のアベノミクス

消費税増税不況は2014年末に底入り反転した

2012年11月14日の党首討論で、野田佳彦氏が衆議院解散を宣言した。この瞬間から、日本の金融市場に大きな風が巻き起こった。ドル円レートは1ドル＝78円の水準にあったが、翌2013年5月22日には1ドル＝103円台へと大幅円安に振れた。連動して、日経平均株価は８６６４円から、翌２０１３年５月22日の１万５６２７円へと暴騰した。円安の進行、株価の急騰が安倍政権を一気に浮上させた。

しかし、順風満帆は長くは続かなかった。２０１４年版ＴＲＩレポート『日本経済撃墜』が警告したように、日本経済は２０１４年４月の消費税増税によって撃墜された。

２０１３年12月30日の日経平均株価は１万６２９１円。筆者は当時の空気が１９８９年末に似ていることを指摘した。安倍首相は東証大納会に出席して「アベノミクスは来年も買い」と高らかに宣言した。しかし、この日を境に、株価は下落トレンドに転落した。

日経平均株価は４月14日に１万３９１０円にまで下落した。『金利・為替・株価特報』は、５月12日号で株価見通しを下落から上昇に変更した。消費税増税の影響を株価が織り込んだとの判断だった。実際に日本株価は５月19日を底にして反転上昇した。

２０１５年版ＴＲＩレポート『日本の奈落』は、２０１５年10月の消費税再増税実施に対する警告の書でもあった。再増税に突き進むなら、日本経済は奈落に転落すると警告した。安倍政権は消費税増税を凍結したうえで、２０１４年12月総選挙に突き進んだ。『日本の奈落』は消費税再増税凍結を提唱し、同時に２０１４年内の総選挙実施可能性を指摘したが、この記述が現実のものになった。

安倍政権は消費税再増税を中止とはせずに、２０１７年４月への延期という施策を示した。

しかし、2014年12月の時点では2年半も先のことであり、株式市場は再増税中止と同等に受け止めた。このなかで、安倍政権にとっての天佑になったのが原油価格暴落である。7兆円減税と理解できる経済環境変化が、クリスマスプレゼントのように提供された。

これらの状況が重なって、消費税増税不況は2014年11月に底入れした。日経平均株価は2015年4月に2万円を突破。6月には2万868円にまで到達したが、8月の人民元切り下げを契機に2割の調整を演じたのである。ここから2016年にかけて、どのような展開をたどるか。それを考察することが本書の課題である。

旧態依然、利権ばらまきの財政政策

安倍政権が2014年、12年12月に打ち出した経済政策を安倍政権自身が「アベノミクス」と命名し、メディアの大宣伝を誘導した。しかしながら、その内容は金融緩和政策、財政政策発動、構造政策の三つであり、政策として目新しいものではなかった。

金融緩和政策を前面に打ち出し、インフレ誘導の旗が掲げられた。マイナスの消費者物価上昇率を、前年同月比2％の水準にまで引き上げる方針が示された。そのために金融緩和政策を行う方針が示された。

この政策が円安を加速させた面は否定できない。金融市場は思惑で動く。政策変化に対し、金融市場参加者が円安進行の予想を立てるとの予想が現実の円安をもたらす。予想の予想が、現実の変動を生む。現実に円安が加速し、連動して日経平均株価が上昇した。

しかし、経済的な要因として円安が進行した本当の理由は、米国長期金利が2012年7月を境に上昇トレンドに転換したことにあった。

財政政策においては明確な変化が生じた。安倍政権は財政政策を野田政権の超緊縮から拡張の方向にスタンスを転換した。安倍政権は13兆円規模の補正予算を編成し、日本経済を不況から脱出させることに成功した。この政策転換は正しいものであった。

しかし、財政政策の内容には大きな問題があった。安倍政権が実施した財政政策は、従来型の利権ばらまきであった。財政政策の評価は、緊縮か積極かというマクロの側面と、その施策をどのような手法で行うのかというミクロの側面の、両面からなされる必要がある。ミクロの側面では重大な問題を含んでいた。

「アベノミクス」の元祖「三本の矢」の評点は、現時点ではゼロに近い。金融緩和はインフレ誘導策として提唱されたものだが、インフレ誘導は失敗した。そもそも、インフレ誘導という方針が間違っていたのだから、主権者としては、失敗して良かったということになる。

財政政策は、2013年は積極財政で日本経済の不況脱出に貢献したが、2014年は大増税で日本経済を不況に逆戻りさせた。「アベコベノミクス」であり失点は無限大だ。安倍政権は2014年12月の総選挙に向けて消費税再増税を先送りしたが、再び増税強行の気配を強めている。消費税再増税を完全に封印して、日本経済の安定成長軌道確保を優先するべきである。

成長戦略を構成する五つの政策

第三の矢として示されたのが成長戦略である。中長期の視点で最大のダメージをもたらす。資本の論理に沿う政策は目先の企業収益を増やすが、中長期に真逆の結果をもたらす。

成長戦略こそ、安倍政権の経済政策の理念と方向を明確に示すものだ。基本は「弱肉強食推進」。成長戦略の骨格は、農業の自由化、医療の自由化、解雇の自由化、経済特区の創設、そして法人税減税である。

そして、成長戦略と裏表一体の関係にあるのがTPPである。TPPの本質は、グローバルに活動する強欲巨大資本の利益極大化だ。この部分に、安倍政権の経済政策の根本的な問題がある。

日本農業の潜在的な成長余力は大きい。品質、安全性の面で日本の農産品の国際評価は高い。もちろん、福島原発事故以降は、多くの国が日本からの農産品輸入に規制をかけている。この問題は、いまなお深刻である。しかし、この問題を除けば、日本産品に対する信頼は大きい。しかし、日本の平地面積は狭く人口密度が高いから、大規模農法を採用できる立地は限られる。

グローバルな巨大資本は、日本の農業に参入し、効率化、集約化できる部分だけを収奪することを目論んでいる。安倍政権が推進する農業の自由化とは、突き詰めて言えば、グローバル巨大資本に日本農業という収益機会を献上しようとするものだ。グローバル巨大資本の利益に貢献するが、日本の主権者の利益を損なうものである。

人々の生存に農産品は必要不可欠だ。食料、エネルギー、安全保障が国民の存立に欠かせぬ三大要素である。だからこそ、すべての主権国家が、農業を手厚く保護し、食料自給体制構築に力を注ぐ。自由貿易は重要だが、農業の保護、食料の自給も重要な政策目標である。

日本の貿易市場は十分に開放的である。関税率で見ても、日本の農産品市場が閉鎖的であると批判されるいわれはない。

農業保護政策は自由貿易体制のなかで正当に認められた施策であり、米国から命令されたという、ただそれだけの理由で国民の不利益を与える施策を実行することは、主権国家の行動としては間違っている。安倍政権の姿勢は、主権者にとっての利益を考慮することなく、単に、グローバル強欲巨大資本に日本市場を献上するというものになってしまっている。

医療の自由化は、国民生活に致命的な影響を与える。医療自由化の狙いは、医療GDPの拡大である。ＧＤＰの拡大とは、価格の引き上げのことだ。診療価格、医薬品価格、医療機器価格の価格統制が取り払われ、医療費の金額をかさ上げすることが目指されている。

米国の医療費支出の対ＧＤＰ比率は日本の約2倍。突出して大きい。米国では高齢化が進行していない。それにもかかわらず医療費が巨大であるのは、医療関連価格が自由化されているために、法外とも言える医療関連価格が出現しているからだ。

安倍政権が医療自由化を推進するなら、日本でも同様の問題が発生することになるだろう。医療費ＧＤＰの膨張を喜ぶのは医療を事業とする者と民間保険会社だけなのだ。庶民にとって医療の自由化は悪魔の施策でしかない。

財務省は財政危機を唱えて、社会保障支出を切り込む姿勢を強めている。他方、日本の人口高齢化は着実に進行している。すでに、全人口の25％が65歳以上の高齢者になっている。医療費の価格が上がり、他方で政府による医療費支出が抑制されるなら、何が起こるのか。考えればすぐに分かる。公的保険医療の救いようのない劣化である。

富裕層はいい。高額な民間医療保険に加入すれば、病気になっても最先端の十分な医療を受けることができる。しかし、一般庶民は違う。公的医療保険が提供する医療行為は著しく制限され、病気になっても十分な医療を受けることが不可能になるのだ。

労働市場自由化の狙いは労働コストの削減である。労働コストを削減するために推進されているのが労働者の非正規化だ。安倍政権は価値観の多様化に従って多様な働き方を選択できるなどのきれいごとを並べるが、望んで非正規労働者になろうとする人などほとんどいない。正規労働にありつくことができないから、やむなく非正規労働者になっているのが現実だ。

労働規制緩和の看板の下で進められているのは、労働者の非正規化、残業代ゼロ、解雇自由化など、労働者の権利と処遇を引き下げるものばかりなのだ。こうした労働関係制度の自由化が猛烈な勢いで推進されている。

これらの制度変更をなし崩しで実行してしまう制度が「経済特区」である。関連法制の改定を経ずに、なし崩しで各種自由化措置を実行してしまう。これを既定事実として法改定も実行してしまうことが目論まれている。

そして、弱肉強食政策の中核に位置付けられるのが税制の改変だ。既述したように、消費税を大増税し、法人税を大減税する税制改定の方向は、明確に経済の弱肉強食化を目指すものだ。恐るべき経済政策が実行されているが、この事実を正確に把握している主権者は、驚くほど少ないのではないか。

安倍政権の経済政策の根幹をなすのが成長戦略であり、この成長戦略こそ、日本の主権者をさらに厳しい経済状況に追い込む「真綿」の役割を担うものである。

民を亡ぼし、国を亡ぼす成長戦略

資本の論理に沿う政策が、目先は企業収益を増やすが、中長期では真逆の結果をもたらすと述べた。それは、労働者の虐待が、最終的に生産活動の源泉である労働力を壊滅させてしまうからである。

中国経済の構造に問題があると指摘される。GDPの構成比において個人消費のウエイトが小さく、設備投資のウエイトが大きすぎることが問題だとされる。企業の生産能力と最終需要である個人消費のバランスが崩れることが問題なのだ。

資本の利益極大化が追求され、資本の利益が拡大しても、所得分配において一握りの富裕層の所得だけが増えるなら経済の循環、再生産は成立しない。富裕層の消費性向は一般的に低い。この富裕者の所得がさらに増えるなら、その増加分のほとんどが貯蓄に回ってしまうだろう。

経済全体としては消費が過少になってしまう。やがては、企業の売り上げ不振が企業収益の急減少をもたらすことになる。

成長戦略の致命的欠陥は、この政策のなかに、一般庶民の懐を温め、一般庶民の消費を喚起するという視点がゼロであるという部分にある。目先は企業収益が拡大し、株主は歓喜の声を上げるかもしれないが、それは束の間の喜びに終わる。

さらに安倍政権は、2015年9月19日の戦争法強行制定直後に「新三本の矢」なる施策を提示した。安倍政権の「反知性主義」を象徴する新たな施策である。

その内容は、名目GDPを600兆円にする、出生率の引き上げ、介護離職ゼロ、の三つである。社会保障充実策であるかと勘違いしてしまうが、そうではない。

「新三本の矢」は、国民を低賃金労働に駆り出してGDPの金額をかさ上げすることを目指すものである。

福山雅治氏結婚の報道について菅官房長官が、「出産を増やし国家に貢献してくれることが望ましい」と述べたと伝えられた。背筋が凍るコメントだ。戦前の「産めよ増やせよ」と発想が同一なのだ。

アベノミクスは、労働者の処遇を引き下げることを根幹に置くから、消費主導の経済成長は実現しようがない。そこで、打開策として、働く人数を増やすことを考えたのだ。すべての働ける人間を低賃金の労働に引きずり出す。そのことによって、GDPのかさ上げを図る。

これが「新三本の矢」であり、「一億総活躍」の意味である。正確に表現するなら、「一億総動員」だ。そして、生産年齢を過ぎた国民には、できるだけ早くに死んでもらう。これが、医療自由化の狙いでもある。

低所得者には十分な医療を提供しない制度に移行する。この人々が早く死んでくれれば国の社会保障支出を節約できる。「一億総動員」と「一億総棄民」が「新三本の矢」の正体だ。

しかしながら、こうした施策で一般大衆を虐待すれば、大衆は消滅し、最後に、国が亡ぶ。出生率が低下している最大の原因は、弱肉強食政策にある。新しい貧困が広がるなか、結婚、出産を考えられない状況が生まれている。この点を見ようとせずに、出生率引き上げを掲げるところに根本の問題がある。

第3節　経済政策と株価

株価と経済を押し上げる原動力としての経済政策

1990年以降の25年間の日本経済の足どり、日経平均株価の歩みを考察すると、その変動をもたらしてきた主因が政策変動であったことが分かる。経済政策の「ブレ」が経済の安定的推移を妨げてきたのである。

2007年から2009年にかけて発生したサブプライム金融危機に伴う深刻な不況は海外要因によってもたらされたものだが、この不況に際して、米国経済政策当局はケインズ政策を発動した。これを契機にそれまでケインズ政策を否定し続けてきた付和雷同の日本の経済学者が、掌を返したようにケインズ政策の有効性を主張するようになった。浅薄さが際立った。

筆者は、1980年以降の日本経済と金融市場の変遷を経済政策を軸に分析してきた。これによって過去35年間の変動を明解に説明できる。日本経済は何度も危機に直面してきたが、筆者は事前に警告を発してきた。しかし、日本経済を危機に陥れてきた政策立案官庁の官僚は、政策運営の失敗を一切認めていない。敗戦当時から日本の権力中枢の無責任体質は変わっていない。

日経平均株価の30年間チャートを用いて、その推移を概観してみる。1986年年初に1万3000円の水準にあった日経平均株価は、1989年末に3万8915円の高値をつけた。丸4年の時間をかけて、日本株価は3倍に上昇した。日本経済の成長率は平均5%の高水準を維持した。いわゆる、バブル景気の時代だ。

バブルは以下のプロセスで発生した。1985年9月の、米ドルを主要通貨に対して切り下げることを決めた「プラザ合意」を契機に急激なドル安=円高が発生し、これが原動力になって日本の長期金利が急低下。連動して日本の資産価格が急騰したのがバブル生成の序曲だった。

日経平均30年間の指数

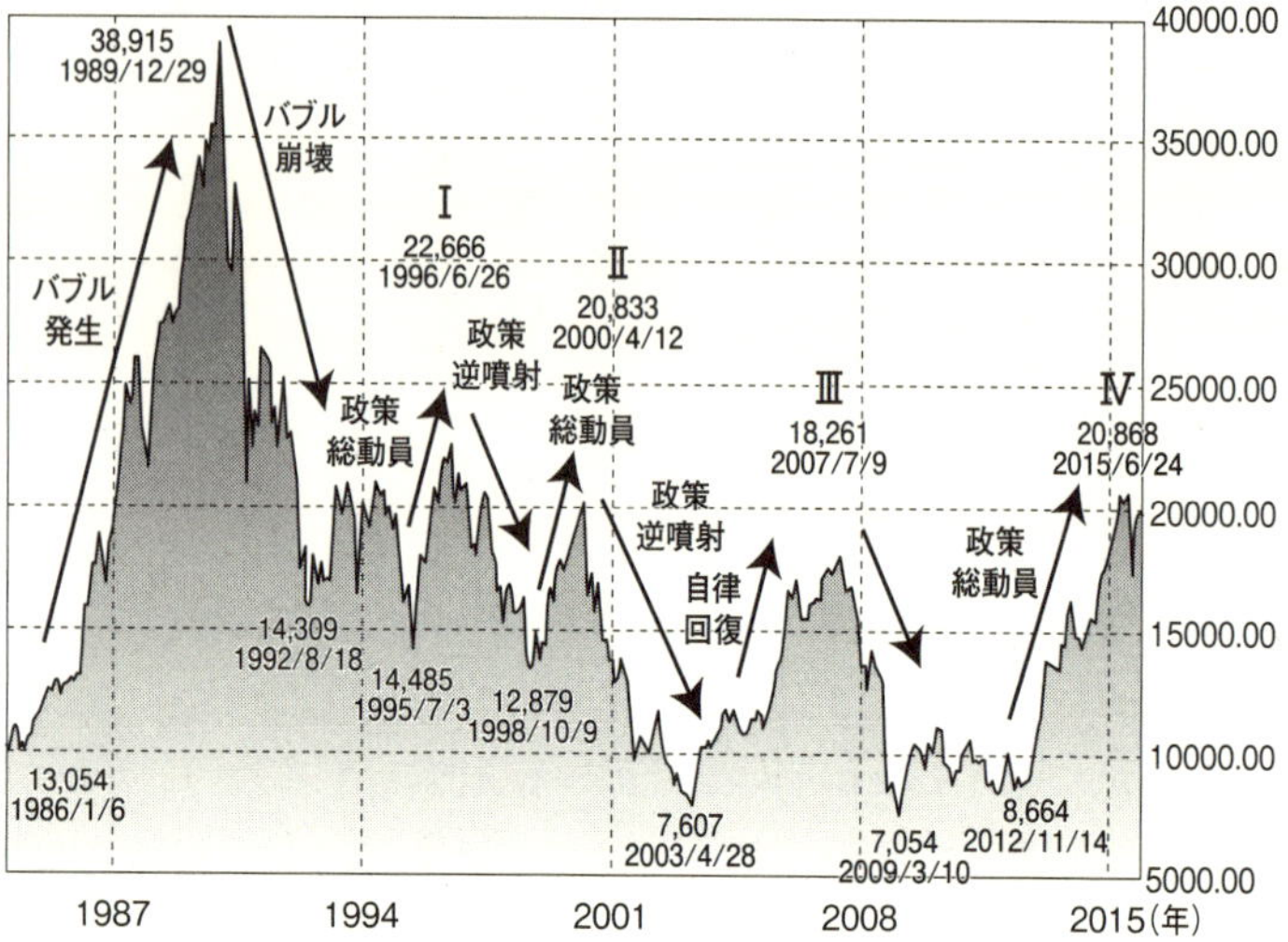

転機は１９８７年に訪れた。景気急拡大を背景に、日本銀行が利上げ実施を検討した。ドイツも似た状況で、ドイツは実際に金利を引き上げた。

ところが、この動きが米国の金融市場を動揺させた。米国は巨額の経常収支赤字国。海外から米国に資本が流入することで経済活動が成り立っていた。経常収支黒字国の利上げは、このマネーフローを逆流させてしまう。

この状況下で１９８７年10月ニューヨーク市場で株価が暴落した。ブラックマンデーの株価急落だ。

米国は日独の利上げへの動きが金融危機をもたらしたと日独を非難。日本政府は低金利維持を強制されることになり、金融引き締めへの転換が、結果的に１年半遅れた。金融機関の与信活動が急膨張し、株式や不動産の価格が、合理的に説明できない水準に押し上げられた。これが真正バブルである。

しかし、バブルは必ず弾ける。1990年の年明けと共にバブルは音を立てて崩壊し始めた。円高、金利低下、資産価格上昇が、円安、金利上昇、資産価格下落の流れに転じた。

山高ければ谷深し。株価が大暴落し、遅れて不動産価格も暴落した。バブル崩壊の混乱が拡大した最大の理由は政策対応の拙劣さにあった。日本経済はすでに1991年に不況に突入していた。しかし、当時の政府は、「望ましい景気減速」などと能天気な発言を繰り返していた。筆者は早急な政策対応を訴え続けたが反応はなかった。

日本政府がようやく動いたのは、金融危機が燎原の火のごとくに広がった1992年8月だった。財政当局は事態悪化を2年半傍観し続けた。日本銀行はバブル生成期にアクセル全開で進み、バブルが崩壊し始めてからブレーキ全開に踏み換えた。

バブル生成期にブレーキを踏み、バブル崩壊期にブレーキを緩めるのが安全運転の鉄則だが、その真逆の対応を示した。三重野康日銀総裁の責任は計り知れない。

繰り返された政策逆噴射

1990年から2000年の「失われた10年」を、二つの時期に分けることができる。1996年までの前半は、バブル崩壊不況の期間だった。バブル景気が4年持続した裏返しとして、1992年から95年にかけて1%成長の時代が4年持続した。資産価格下落が個人消費、住宅投資、企業設備投資を著しく冷え込ませた。

この長いトンネルを抜けて、日本経済は1996年に持続力のある景気拡大循環に転換した。この景気回復を破壊せずに、政策が経済の拡大循環維持を誘導していれば、日本経済の歩みはまったく違うものになったはずだ。しかし、橋本政権が1996年、逆噴射のレバーを引いた。

1990年以降の25年間に、日本経済は経済浮上のチャンスを4回迎えている。1996年、2000年、2007年、そして2015年である。

しかし、過去3回はいずれも経済浮上の途上で順回転が崩壊。日本経済は再転落の運命をたどった。1996年は、6月25日に橋本龍太郎政権が消費税増税方針を閣議決定した。消費税率を3%から5%に引き上げることを決めた。筆者はこのタイミングでの増税決定が金融危機をもたらす原因になると強く警告した。日経平均株価は1996年6月26日の2万2666円から、1998年10月9日の1万2879円へと暴落した。この期間に、北海道拓殖銀行、山一證券、日本長期信用銀行、日本債券信用銀行が相次いで破綻した。日本は金融恐慌の入口に足を踏み入れた。

2度目の転落の契機は2000年4月に訪れた。日経平均株価が3年ぶりに2万円の大台を回復した。日本経済再浮上を誘導したのは小渕恵三首相だった。財政金融政策を総動員して、日本経済改善を誘導した。

ところが、2000年4月に小渕首相は脳梗塞で倒れ、森喜朗政権が発足した瞬間から事態は暗転した。森政権は財務省の緊縮路線にそのまま乗った。日銀の速水優総裁は、時期尚早のゼロ金利政策解除に突き進んだ。そして、翌2001年4月に発足した小泉純一郎政権が、「改革なくして成長なし」の掛け声の下で超緊縮財政運営に突き進んだ。筆者は、小泉政権がこの路線を突き進めば日本経済が最悪の状況に陥ると公言した。

しかし、竹中平蔵氏を経済政策責任者とする小泉政権は、超緊縮経済政策路線を突き進み、日本経済は奈落に転落した。日経平均株価は、2000年4月の2万833円から2003年4月の7607円へ大暴落した。

3度目の転落は2007年7月9日の1万8261円を起点に静かに進行したが、2009年3月にかけて4たび急落に転じた。米国発サブプライム金融危機の暴風が世界市場を吹き荒れた。この転落から脱出するために、主要国がケインズ政策を採用した。その結果、世界経済と各国株価は2015年まで6年間の本格浮上を実現したが、日本だけは取り残された。2010年発足の菅直人政権、2011年発足の野田佳彦政権が、財務省の近視眼的財政再建原理主義に取りつかれたからである。2012年末の政変で呪縛がようやく解けた。

過去25年間の推移は、政策総動員による日本経済浮上と、政策逆噴射による日本経済撃墜の事実を鮮明に浮かび上がらせる。経済が浮上すると、成果を帳消しにする政策逆噴射のレバーが引かれる。愚かな繰り返しである。

第4節　消費税再増税再延期の可能性

安倍政権は再び消費税増税延期カードを切るか？

2014年末にかけて、安倍政権は徳俵に足をかけながら、ぎりぎりのところで消費税増税先送りを決定した。運良く原油価格が暴落し、株価反発と景気底入れが実現した。株価は2万円を回復し、18年振りの水準に回帰した。その日本株価が2015年8月の中国人民元切り下げ措置に伴う世界株価連鎖安に連動して2割下落した。5度目の崩落になってしまうのか。それとも崩落を回避できるのか。重要な節目に差しかかっている。

中国経済が底割れせずに持ちこたえるなら、日本株価が堅調を維持する可能性が高くなる。問題は安倍政権が2017年4月の消費税率10%を強行するのかどうかだ。財務省は消費税率10%実施の既成事実化を図っている。

2016年夏には参議院選挙が実施される。投開票日は7月10日とされる可能性が高い。選挙での優勢が確保されるなら、このタイミングで安倍政権が増税再延期を打ち出す必要性は乏しい。しかし、ここで増税再延期を打ち出さなくても、消費税増税再延期の可能性は残る。

安倍首相は、自分の政権下で東京オリンピックを開催する願望を有していると見られている。その野望を満たすには、2020年8月に首相の地位にいる必要がある。この点を考慮すると、2016年8月以降に総選挙を実施する可能性が浮上する。衆院任期満了が2020年8月以降になるからだ。

自民党総裁任期は2018年秋に切れるが、総裁を続投すれば、この願望を満たすことができる。この点を考慮すると、次の衆院解散総選挙が2016年8月以降になる可能性がある。

このケースの障害は、2017年4月の消費税再増税だ。再増税直前の選挙は不利であるし、再増税後は日本経済が崩落するから選挙に適さない。

これらを踏まえると、２０１６年8月から年末に、消費税増税再延期を打ち出して、解散・総選挙に打って出る可能性がある。また過去の選挙実績を重視すると、２０１６年7月の衆参ダブル選の可能性も否定はできない。

過去30年の経済政策と株価の連動関係を見た。政策総動員で経済が浮上するのに、その成果を打ち砕く政策逆噴射が繰り返されてきた。

この「あり地獄」から抜け出すには、この事実を踏まえた政策運営を実現することが必要不可欠だ。消費税率10％を急ぐ理由は皆無である。日本の税制はこの20年間に大変質した。安倍政権は日本社会弱肉強食化熱烈推進の路線を突き進むが、この路線を日本の主権者が希望していない。これ以上の格差拡大推進、弱肉強食化は日本社会を根底から破壊する主因になる。資本だけが栄え、民が滅びる社会に未来は存在しない。社会そのものが消滅することは明白だ。まず決断するべきことは、消費税率10％の断念である。

格差拡大を推し進める日本の税制

第1章〈第4節亡国の消費税率10％〉において消費税問題についての概略を述べた。消費税の持つ最大の特徴は、逆進性にある。所得税の場合、年間所得が一定金額に達するまでは、納税が免除される。ある水準を所得が越えなければ、納税の義務が発生しない。この所得水準を課税最低限と呼ぶ。現在、夫婦、子ども2人の給与所得者の場合、各種条件によるが、年間給与収入が325万円までは課税が免除される。他方、所得が多くなるにつれて所得税率は上昇する。年間所得4000万円超の部分に適用される所得税・住民税合計の最高税率は55%である。累進課税では所得金額が多いほど高率の税率が適用される。

課税に対する考え方には、能力に応じた課税と、受益に応じた課税という二つの考え方がある。日本の戦後税制の根幹は1949年から50年にかけて提示されたシャウプ勧告に基づいて整備された。その根幹は所得税中心主義である。累進税率構造を持つ所得税を、課税の中心に位置付けたことにより、日本の戦後税制は「税負担の能力に応じた課税を行う」ことを根幹に置くものになった。これは社会の「弱肉強食化」を防ぎ、共に支え合うという「共生」の考え方をベースとするものである。

経済的自由の全面的な容認、自由放任主義は社会の弱肉強食化を招く。強い者がより強くなり、弱い者は生存の危機に直面する。自由主義は深刻な格差問題を生み出してきた。20世紀の経済政策は、この自由主義の修正、是正に比重を置くものになった。結果の平等が重視されるようになったのである。

すべての人は、生まれながらにして最低限度の生活を営む権利を有するという「生存権」が重視されるようになった。資本主義の運用において、自由放任主義が修正され、結果における平等を重視する所得再分配政策が重要視される変遷をたどった。そして、結果における平等を実現するための重要なツールとして税制が活用されてきた。

これに対して、消費税は、超富裕層と超貧困層の税率が同じである点に最大の特徴がある。富裕層に優しく、貧困層に厳しい税制である。

国税の主要税目の所得税、法人税、消費税の推移を再度じっくりとご覧いただきたい。所得税収は1991年度26・7兆円だったのが、2009年度には、12・9兆円に減少し、2015年度は16・4兆円。20年間に2分の1以下に減少した。

法人税は1989年度に19兆円だったが、2009年度には、6・4兆円になった。3分の1に激減したのである。2015年度は11兆円。

これに対し、消費税は導入された89年度が3・3兆円であったが、2015年度に17・1兆円になった。すでに、最大の税目に躍り出ている。消費税率が10％に引き上げられれば、消費税収は約21兆円を超える。

この20年間に日本の税率構造は累進制から比例制に転換している。しかも、消費税の場合、所得がゼロでも課税が強制される。この下で、格差拡大が激しい勢いで進行している。

政策運営の根幹に弱肉強食推進を据える安倍政権は、アベノミクス第三の矢としている成長戦略で、格差拡大、弱肉強食化を加速させる方針を明示している。企業利益が増えれば、労働者の所得が増えるという「トリクルダウン」仮説がペテンの主張であることも既述した。

企業の利益を増大させ、資本家の所得を増大させる一方、労働者の所得は絞れるだけ絞る、というのが安倍政権の経済政策運営の根幹である。その重要な一翼を担うのが消費税大増税である。生活必需品に対する軽減税率が検討されているが、生活必需品の税率は軽減でなく、ゼロが当然である。イギリスもカナダもオーストラリアも食料品の税率はゼロである。

財務省が検討する軽減税率というのは、10%の税率のうち、2%だけをまけてやるという、姑息なものである。

法人税減税を強引に推し進める一方で、狂ったように消費税大増税に突き進む、その狂気が問題なのだ。この狂気とは、官僚、政治屋、資本家の自己中心主義である。TPP反対の論陣を張る鈴木宣弘東大教授が「いまだけ、金だけ、自分だけ」を「三だけ主義」と表現して批判しているが、この「三だけ主義」が日本を亡ぼすことになる。

第5節　分配政策の致命的な誤り

政府は長期的な日本の繁栄を目指しているか？

自立的な経済成長軌道を実現するために必要不可欠なことは、生産・所得・支出の拡大循環を成立させることだ。持続可能な拡大循環が成立しない限り、日本経済は復活しない。

何よりも重要なことは、生産の果実を適正に労働者に分配することだ。生産の果実の分配に際して、高所得者への分配を多くして、低所得者への分配を減らすと、消費が全体として停滞する。2012年11月以降の「アベノミクス」の時代に家計消費が低迷しているのは当然のことなのだ。安倍政権はインフレを推進し、労働諸規制を改変し、企業の利益を増やし、労働者の所得を圧縮してきた。労働者は所得が減っただけでなく、身分も著しく不安定になった。

零細な事業者は、消費税増税を価格に転嫁できず、自腹を切っての消費税納税を強制されている。まさに、弱肉強食天国ニッポンの様相を強めている。

所得が1円もない人が消費税をむしり取られる一方で、輸出大企業は巨額の消費税還付金を国から受け取っている。大企業には減税に次ぐ減税が実施され、企業収益だけが増大し、株価が上昇している。しかし、経済成長持続のカギを握る家計消費は低迷を脱することができない。

日本で堅調な消費は、日本人の消費ではない。日本を訪れる外国人による「爆買い」だけが堅調だったのだ。しかし、日本国民の消費は増えていない。インフレ率が上昇するのに賃金が増えない。実質賃金は減少してきた。懐が冷えるのだから消費は増えない。

同一労働、同一賃金制度の確立が求められるが、政府が目指しているのは正規社員の処遇を、非正規社員の水準で統一することだ。労働者全体の取り分を減らし、資本の所得に回すことが目指されている。

憲法が定める参政権は、貧富の格差に関わりなく、1人1票の権利を保証するものである。民主主義が正常に機能するなら、圧倒的多数の労働者、一般大衆の幸福が追求されるはずだが、安倍政権下の日本では、一般大衆が犠牲を強いられる一方で、グローバルに活動する強欲巨大資本の利益拡大が推進されている。

グローバルな強欲巨大資本がいなごの大群のように日本市場を襲い、日本の主権者を食い尽くすことになる。いなごの大群は日本市場を食い尽くしたら、次の収奪地に移動するだけだ。狩猟が彼らの本質であり、日本を耕すことは彼らの目的でない。

日本は、国破れて山河あり、城春にして草木深しの状況に陥る。人が存在しない廃墟と化すのである。安倍政権の経済政策運営は、目先の資本の利益だけを追求する一方で、本当の意味での国民生活の安定と繁栄を一切考えていない点に最大の特徴がある。

第7章

2016年の投資戦略

第1節　秘伝「五カ条の投資の極意」

ゼロ金利時代に8％のリターンを確保する方法

本シリーズの読者の方には、おなじみの章。「投資の極意」を伝授するための章である。「極意」と言いながら、当たり前のことしか書いていないと思われる方もいるかもしれない。しかし、その当たり前こそ重要なのである。当たり前のことを確実に実行できる人が少ない。マンションの建設も、金融投資も、基礎の基礎が大事である。巨大な高層マンションを建設するのに、基礎で手抜きをすれば破綻する。小さな基礎の手抜きが全体を揺さぶり、企業を揺さぶる。基礎を確認し、基礎を怠らない。これこそが最大の極意と言ってもよい。

秘伝「5カ条の極意」とあるが、その内容は見てのとおり。当たり前のことである。しかしこの当たり前の基礎事項をいかに適切な順序で確実に励行するか。これが勝負を分ける。本書は巷に転がっているような一攫千金を煽る書ではない。一攫千金が至る所に転がっているわけがない。うまい話には、必ず裏がある。一攫千金話の裏側には、一発全滅のリスクが潜んでいる。

一攫千金を狙う、一攫千金にすがらなければならない状況こそ、危機の証である。一攫千金にすがらずに済むための方策。それは王道を歩むこと。正道を歩むしかない。

8%のリターンを9年維持すると、元本は2倍になる。7%のリターンであれば10年で元本が2倍になる。本書が目指す目標は、この水準である。金利がゼロの時代に、年間8%のリターンを確実に得ることは容易ではない。しかし不可能でもない。この目標を達成するための極意が、秘伝「五カ条の極意」である。

一攫千金を狙う投資は、数理的な確率分布の法則によって、一発全滅のリスクと背中合わせである。そして一攫千金を狙う心理が、常に一発全滅のリスクに直結する。もし読者が一攫千金を狙うのであれば、本書はその指南書にならない。本書は実現可能な目標水準を、できるだけ確実に実現するための参考書であり、その目標を実現するためには、政治、経済、金融、社会情勢をくまなく点検し、政治変動、経済変動、金融市場変動の本質を見抜くことが重要である。

同時にこうした知的な洞察力に加えて、市場変動の特性を洞察する感性も必要になる。左脳だけの取り組みは、知的好奇心を満たしても、金融投資という実業上の利益に直結しない。左脳の知的理解と右脳の感性とを合わせることによって、初めて実業的なリターンが確保される。

依然、五カ条の極意の第一は「損切り」である。第二は「逆張り」、第三は「利食い」、第四が「潮流」、第五が「波動」である。

この五カ条の極意を確実に理解し、確実に実践に移す。これが年間8％のリターンを継続的に獲得していくための極意である。勝つための極意は負けぬことにある。負けぬための極意は、最初の一歩の重要性を認識することである。最初の一歩を切り抜けることこそ、成功への最大の極意である。

逆張りの発想

旅客機の発着陸は最初の5分と終わりの5分にすべてがかかると言われる。この2点をクリアすることによって快適な飛行が可能になる。2015年の相場変動を振り返ったとき、とりわけ5月以降の相場変動で、ボタンの掛け違い、歯車のズレから、手痛い損失を蒙った投資家が少なくないと考えられる。

背景には原油価格の反転上昇と反落があり、ギリシャ情勢の楽観論と悲観論の交錯、そして楽観的情報と悲観的情報の交錯があった。そして8月11日には、ある種の「未知との遭遇」とも言える中国人民銀行による人民元切り下げというアクションがあった。大きな変動が起これば、必ず付和雷同型の議論が勢いを増す。しかし100人が100人、弱気になったところが基本的には陰の極である。100人が100人強気になったところが陽の極になる。全員が弱気になれば、次の変化は弱気の人数が減ることになり、すべてが強気に転じれば、次の変化は強気の人数が減ることになるからだ。

市場の大勢が一方向の論議に傾くとき、その流れに疑いの目を向けること。これが逆張りの発想の基本である。そして金融投資においては、常に、利益を確定して初めてリターンが現実のものになる。経済用語でこれを「利益の確定」あるいは「利益の実現」と言う。価格が高騰しても、その高い価格で売却を実行し、利益を確定しない限り、それは「未実現の利益」に過ぎない。未実現のまま売買を手控え、放置する間に価格が元の奈落相場に戻れば、再び、悪夢にうなされることになる。

日本政府はドル建て資産を1・3兆ドルも抱えている。150兆円を越す金融資産である。2007年6月に、日本政府が保有していた外貨準備、ドル資産は9136億ドルであった。当時の為替レートは、1ドル＝124円であったから、円換算で113兆円の米国国債を政府は保有していた。

この2007年6月から2012年1月までの4年半に、日本政府はドル建て資産を3931億ドル買い増した。2012年1月末には、日本政府保有のドル建て資産が1兆

日本政府外貨準備の推移（2000年～2014年）

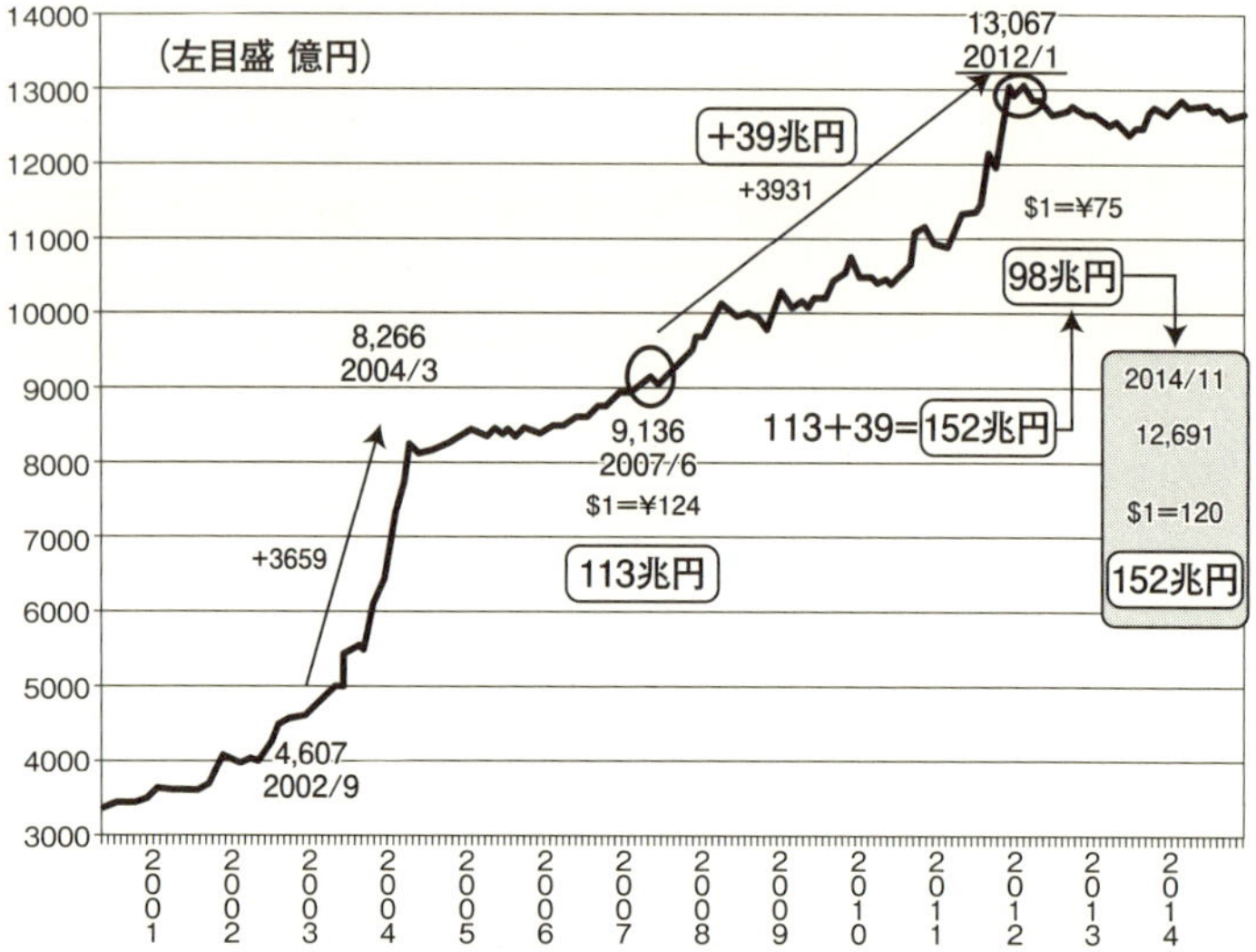

出典：財務省

３０６７億ドルに達した。この間、購入したドル資産の平均コストは、１ドル＝約１００円であった。投下した資金は39兆円である。２００７年６月の残高１１３兆円に買い増し金額39兆円を合わせると１５２兆円に達する。

ところが、この２００７年６月から２０１２年１月までの4年半に、円高が進行した。１ドル＝１２４円から1ドル＝75円へと急激な円高が進行した。ドル建て資産を購入し、ドルが下落すれば、為替損失が発生する。五カ条の極意、損切り、逆張りの鉄則に従えば、１円たりとも買い増しなどはできない局面だった。このような損失拡大はあり得ない。１５２兆円の投資元本は、２０１２年1月の段階で98兆円に減じた。差額は54兆円。１５０兆円を投入した米国国債が98兆円に暴落したのである。年金運用を手がける投資顧問会社が1000億円の損失を出したことで大騒動になった。刑事事件に発展した。

その損失は1000億円。日本政府が計上した損失は54兆円に及ぶ。1000億円損失の540倍の損失が計上された。他人事でない。このお金は、すべて国民の資金である。政府は日銀から借金をして米国国債への投機を行っている。そこでの損失は、すべて国民の税金負担に回される。

1兆円の規模は想像しにくい。毎日100万円お金を使い続けて、1兆円を使い切るのにどれだけの時間がかかるか。計算すると2700年になる。1兆円は、毎日100万円使い続けて2700年の重みを持つお金だ。

54兆円の損失ということになると、毎日100万円使って14万5800年かかる。50兆円のお金があれば、消費税率2％引き上げを10年間は延期できる。これだけの巨額損失が計上されたのに、誰にも知らせず、誰も責任を取っていない。

この巨大損失が2012年から2015年の円安で全額解消した。夢のような話だ。1ドル＝120円水準で、時価総額が152兆円に戻ったのだ。54兆円の損失全額回収の千載一遇のチャンスである。

日本政府は1・3兆ドルのドル資産を全額売却するべきだ。日本政府が為替リスクむき出しのドル資産を保有する理由は皆無だ。個人が投資を行って、このような巨大損失を出してしまった後に、運良く損失全額回収のチャンスを得たなら、全員が売却で損失解消を確定するだろう。利食い千人力、売却による確定、が何より大事だ。

ところが、日本政府は1ドルたりとも米国国債を売る気配を示さない。かつて、橋本龍太郎首相が米国債を売却したいという衝動にかられたことがあると発言しただけで大問題になった。日本は独立国である。米国から金を巻き上げられるいわれはない。米国債を購入した者が満期に償還金を得るのは、当然の権利であって、それを要求しないという姿勢がおかしい。

日本の主権者は、日本政府に対し、保有する米国債の全額売却を求めるべきだ。国会議員は国会でこの問題を追及するべきだ。

損切りの基準は1%

五カ条の極意は、損切り、逆張り、利食い、そして潮流と波動である。損切りを第一に掲げているが、本来、損切りは避ける必要がある。損切りを避けるためには、最初の一歩を慎重に踏み出すことである。しかしながら最初の一歩が目論見どおりに成功するとは限らない。その場合にはすかさず損切りを実行するのである。

どの程度の損失が出た時点で損を切るのかということが問題になるが、損切りの基準は、可能な限り厳格に設定すべきである。1%というのが基準になる。最大に拡大しても2%に留めるべきだ。

この水準で損切りをしなければならないというルールを定めると、より一層、最初の一歩が大事になる。

当然の帰結として提示される第二の極意は逆張りということになる。安い局面で買いに入る。人間の心理は、高くなると買いに回る傾向を持つ。しかし、高くなり始めてから買いを入れると、確率的には下落する可能性が高まる。第五の波動と密接に関連するが、価格変動のリズムを測る指標やツールを活用して、必ず陰の極で買いを始めることを厳守すべきである。

株式投資を行う場合、ネット証券会社が提供するPC上の投資ツールを活用することが必須である。これらの投資情報提供画面には、プロフェッショナルの投資家の利用に耐える高度な分析ツールが搭載されている。とりわけ重要なのは、株価チャートを提供している画面である。

この中にRSIとストキャスティック（スロー）という指標がある。この指標を活用することで価格変動のリズムを正確に摑むことができる。

RSIやスローストキャスティックは、買われ過ぎ、売られ過ぎの度合いを数値化して表示するもので、グラフを見れば、売り買いのタイミング判断に極めて有効だ。日足、週足のチャート以外に、5分足や1時間足のチャートも表示できる。

こうした価格変動波動を分析するツールを参考にして、陰の極で最初の一歩を入れることを目指す。このことによって、確率的に、最初の一歩でつまずくリスクを減殺することが可能になる。

それでも、ものごとに絶対はない。最初の一歩でつまずくことが、当然発生する。その際に重要なことは、あらかじめ設定した損切りルールを厳格に適用することだ。

ネット証券会社等が提供する投資分析ツールを利用するにはパソコンが必要不可欠である。パソコンにソフトウェアを搭載してしまえば、誰でも容易に取り扱える。PCに馴染みのない人は、PCに詳しい人に頼んで、最初の取り扱いだけ指南を受けるべきである。このツールの有無によって、逆張り投資のタイミング選定の能力に飛躍的な格差が発生する。

確実な利食いこそ鉄則

第三の極意である「利食い」。最初の一歩に成功し、その後に利益が拡大しても、利食いを実行し、利益を実現しなければ、絵に描いた餅である。2015年5月から10月にかけてのような、ジェットコースター相場、乱気流相場で利益を確保する非常に大切な極意が「利食い」

である。

週末に期待どおり価格が上昇して高値をつけたとする。しかし、ギリシャ問題のように重要な決着が週末に控えている場合には、利食いの実行が鉄則になる。価格が高いということは、すでに週末の良好な結果を織り込んでいるのである。週末に予想どおり楽観的な着地を見ても、週明けの価格への新たな反映は限定的になる。材料出尽くしで反落することさえある。

逆に、週末の結果が予想を裏切り、楽観論が否定されれば、週明けの価格は大きく空白を作って安い水準から始まることになる。

この場合、週末に利食うこと以外に選択肢はない。価格が上がるほど、欲がかさむのが人間の性である。週末に期待どおり良好な結果が出て、より高い価格を得ようと思うのが人情だが、その自分の欲望を抑制する力が大切になる。

冷静に考えれば、市場の期待が裏切られた場合の反動が大きいことを想定できる。この冷静さも必要なのだ。「利食い千人力」という言葉をしっかりと頭に植え付けよう。

7月5日の国民投票で緊縮策受け入れが否定された。当然のことながら、株価は急落する。しかしながら、そこから先は智略が重要になる。

現実にギリシャ国債デフォルト、ユーロ離脱が現実化するのかどうか。その推理は推理小説よりも奥が深い。

２０１５年７月のギリシャ波乱相場において、国民投票による緊縮策受け入れ拒否により、いったんはギリシャ・デフォルト、ユーロ離脱のリスクが高まった。しかしながら、そのリスクに連動して、グローバルな株価連鎖安が生じ、このことが、新しい情勢変化を生んだ。最終的な決定権を有するEU、IMF、ECBの側が、波乱拡大を回避する方向に進んだのである。TRIレポートは、この決着の可能性が高いことを予言した。最終的には、債権団が支援策継続の決断に追い込まれるとの見通しを示したのである。

この見通しに立つなら、ギリシャ国民投票で大暴落を演じた局面が、「チャンス」であると想定できる。「絶対」はないから、当然のことながらリスクを伴うが、リスクを取らずに高いリターンを得ることができないことも、当然知っておかねばならない。

その見立てが裏目に出た場合には、あらかじめ決めておいたルールに則って、必ず、第一の極意、損切りルールを適用する。

２０１５年７月のケースでは、ECB、EU、IMFが支援策継続の決定を示すことによって、相場は回復に転じたが、その流れが潰《つい》えるリスクが浮上すれば、その段階で確実に利食いを実行しなければならない。

利食いの目標値を、最初は低く設定するべきである。利食いが成功して、利益が蓄積されたら、徐々に利食い目標値を高めればよい。

カジノで勝負を張るときに、勝った蓄えをすべて再投資に向ける人がいる。本書は、こうした手法を厳禁する。「一攫千金」の行動は「一発全滅」と表裏一体なのだ。全額を投入すれば、一度の取引で全額を失うことになる。

年間最低8％のリターンを確保するためには、そのような冒険をしない。利食いの目標値を設定して、目標に達したら確実に利食う。売ったあとで大幅上昇しても、恨めしい思いを持たない。相場に勝つためには、この種の自己抑制能力が必要である。

利食ったら、一つのディールは終了する。また、元の一から始まる。

個別銘柄のタイミング判断は、既述したように、投資分析ツールを用いて行う。投資の時間設定により、週足チャート、日足チャート、時間足チャート、分足チャートを使い分けるが、短い時間単位における陰の極は、時間の長い投資始動時にも併用するべきである。

本書のような経済分析、市場分析の資料によって獲得、あるいは洞察するべきものが、第四の極意「潮流」である。

経済全体がどの方向に進むのか。政策対応がどう変化するか、予期せぬ地政学リスクは、どの場所でどのように発生すると想定されるか。これらを総合的に勘案して、金利、為替、株価、そして、資源価格等の動向を探る。これがマクロ、ミクロの政治、経済、金融分析である。最も高度な分析と能力が求められる部分だ。これによって潮流を的確に掴む。

第2節 「潮流」と「波動」を読む

最大の難関は「潮流」を掴むこと

1980年代後半にバブルが生成された。90年代の到来とともにバブル崩壊が始動して26年の時間が経過した。30年の激動時代が過ぎ去った。バブル崩壊の26年間に日本経済浮上のチャンスが4回訪れた。

こうした中長期の波動は合理的に説明できる。その概要を第6章に記述した。この中長期波動のなかに中短期の波動が形成される。TRIレポート=『金利・為替・株価特報』はその中短期波動の予測を中核的課題と位置付けている。

2012年以降の日経平均株価推移をTRIレポートは的確に予測し続けてきた。2012年11月から2013年5月の上昇、2013年5月から2013年11月までの三角持ち合いと年末に向けての棹尾の一振、2014年年初から5月にかけての下落、2014年5月から10月にかけての上昇、そして2014年10月から2015年2月にかけての保合い推移。さらに

2015年2月から8月にかけての上昇と、8月から10月にかけての急落、そして10月以降の反転上昇である。

これが中短期の波動であり、この中短期の波動を洞察するためには、経済動向、政策動向のみならず、内外政治情勢、地政学リスク、自然環境変化、さらに投資家動静のすべてを分析、考察しなければならない。

この変化を読み取り、そして洞察するのが「潮流」の分析である。

この「潮流」分析が、投資行動判断の基盤を形成する。最も重要で、最も難しい部分なのである。

そして、この判断の上に個別の投資戦術が構築される。その際に極めて重要になるのが、「波動」の分析だ。

RSIとストキャスティック分析の重要性を述べた。そして、週足、日足、時間足のチャートの重要性を述べた。移動平均線の活用も必要である。この分析によって、個別銘柄の投資タイミングを選定するのだ。

「損切り」、「逆張り」、「利食い」、「潮流」、「波動」の五つの極意について、そのエッセンスを述べてきた。これらの戦術を明確にして、徹底して厳守する。

そのことによって、まずは、「負けない投資」を確立し、その上に「勝つ投資」を実現する。

損切りはあくまでもマイナスのリターンを食い止めるための防御策であって、攻撃策ではない。年間8％のリターンを確保するためには、逆張りと利食いという、一定のリスクを負う、積極的な投資行動によって、小幅ではあっても、確実にリターンを積み上げることが不可欠である。

この五つの極意を適正に組み合わせるが、最も困難な課題である第四の極意「潮流」を摑《つか》むには、真の情報が必要である。インフォメーションではない、インテリジェンスが必要になる。そのインテリジェンスを涵養することが、本書の最大の目的であるが、そのことによって得られるベースとなる判断が、五つの極意のなかの、第四の極意「潮流」の分析である。これらを適正に組み合わせれば、年間リターン最低8％を確保することは十分に可能になると考える。そして8％のリターンを9年継続すれば元本は2倍に増大する。

第３節　総悲観論の真贋

中国のバブル崩壊というウソ

繰り返しになる部分があるが、重要論点を再整理して示す。２０１５年６月以降、中国株価が急落した。８月には中国人民銀行が人民元の切り下げ措置を実施し、これを契機にグローバルな株価調整が発生した。中国の株価急落は激しいものになった。１３００兆円の中国株式時価総額が一気に７００兆円へと収縮した。その落差は、６００兆円であり、日本のＧＤＰ規模を上回る。瞬時に６００兆円の富が消滅したことになる。

中国経済の減速、悪化が強く意識され、政府が公表する７％程度の経済成長率に対する疑いの目が向けられている。

しかしながら、中国株価バブルが数年来続いてきたという事実は存在しない。第５章に詳述したように、上海総合指数は２０１４年７月に２０００ポイントの水準にあった。中国株式の時価総額は５００兆円の規模にとどまっていた。２０１４年７月から２０１５年６月にかけての1年間に、株価が2・6倍に暴騰し、500兆円の時価総額が1300兆円に膨張したが、6月から8月の調整で、株価は3000ポイントに下落。時価総額は700兆円に戻った。

ピークから見れば600兆円の富の消失であるが、1年前の2014年7月を基準にすると、500兆円の時価総額が700兆円に増大している。中国人民銀行の周小川総裁は、アンカラにおけるG20会合において、「中国株価のバブルが弾けた」と述べたが、その発言の真意が曲解されている。周総裁は、2015年2月から6月に発生したバブルが、6月から9月にかけての調整局面で、ほぼ解消したことを強調したのである。そして、3000ポイント水準の株価について、バブル価格との判断を示していない。

中国製造業の活動が停滞し、電力消費量、鉄道貨物輸送量が低迷しているのは事実だが、産業全体の5割を超す第三次産業の活動は活発である。製造業の動向だけ見て、経済全体を判断するのは適正でない。

中国の経済停滞を最も強く警戒しているのは、言うまでもなく中国政府最高幹部だ。中国経済停滞が深刻化すれば、その影響が中国国内政治を不安定にする。政権中枢がこのリスクを見逃すことはあり得ない。中国が周辺諸国を巻き込む形で巨大なインフラ投資促進体制を構築しようとしているのは、中国の過剰生産能力を海外需要に向けて稼働させるためである。

政権トップによる経済外交が推進されている。同時に、AIIB＝アジアインフラ投資銀行が設立され、周辺国のインフラ整備への資金供給を強化している。

さらに、中国財政には財政政策発動の余力がある。また、エネルギー消費大国でもある中国にとって、原油価格急落は大きなプラス材料でもある。こうした諸点を踏まえると、中国経済のメルトダウン、中国経済崩壊を断定するのは時期尚早である。

もちろん投資比率が高すぎるという経済構造の歪みは是正されなければならないし、2009年に実施された4兆元の景気対策の後遺症として、中国全土の不動産設備の過剰が深刻化していることは事実である。

中国経済に下方リスクは存在する。しかし、市場における観測が中国経済崩壊の側に偏っている現状を踏まえれば、むしろ、その総悲観論に死角がないのかを点検することが、「逆張り」の発想から見て重要である。

焦点の中国経済、米国金融政策、日本消費税

第二の焦点は米国の利上げだが、米国が利上げに踏み切るとすれば、その背景には中国経済に対する一定の楽観論が存在すると見るべきである。中国経済崩落、中国発の世界金融危機のリスクを重大に認識しているのであれば、FRBはあえてそのリスクを冒す必要がない。

イエレンFRB議長の慎重な行動様式を踏まえると、利上げを実施する場合には、利上げが過度のショックを市場に与えないための配慮が示される可能性が高い。利上げの終着点について一定の目安を与える、あるいは次の利上げ実施までの時間的猶予があることを明示することなどの措置である。

FFレートの引き上げは0・25%の幅で実施されることが多いが、今回は0・5%幅が選択される可能性がある。予想よりは大幅に引き上げて、当面の利上げ打ち止め感を演出する方策だ。

悲観シナリオは、中国経済が崩壊する一方、米国が利上げに進み、米国においても株式市場の崩落が生じる。これがグローバルに連鎖して2007年から2009年に見られたような世界規模の金融大波乱が生じるというものである。

このリスクを念頭に入れることは重要だが、本書はこれをメインシナリオにはしない。一歩間合いを取る。

既述したように、過去のFRBによる利上げ着手の局面で、必ずしも株価は下落トレンドに転換していない。また、ドル高を誘発するとも限らない。

しかしながら、利上げ局面に入ると、株価上昇のスピードは抑制されることが多い。ニューヨーク株価が2009年の6500ドル水準から2015年の1万8300ドル水準にまで

２・７倍の大暴騰を演じてきた直後にあるため、ＦＲＢによる利上げが株価崩落を招かないとしても、株価のさらなる本格上昇の可能性は限定されると思われる。

中国経済が緩やかな底入れに移行し、米国経済が緩やかな成長を持続する場合には、日本株式および日本経済が、短期的に大きく動揺するリスクは限定される。問題は、日本の経済政策対応だ。２０１５年末に編成される２０１５年度補正予算の規模は３・３兆円に留まると見込まれ、景気下方リスクを払拭はできない。

逆側のリスクとしては、年後半において、現在の総悲観論の逆に、世界経済が緩やかな改善を示す場合の金利上昇リスクを頭の片隅に入れておくべきだ。

ただし、これとは別に、２０１７年4月の消費税再増税問題が２０１６年央から年末にかけての最重要事項になる。7月10日投開票日での実施が有力視される参議院議員通常選挙に向け、安倍政権が消費税増税再延期の判断を示す可能性もある。

増税延期、凍結は日本経済にとって正しい政策判断になる。しかし、現時点では、財務省の消費税率引き上げの意欲は極めて強い。安倍政権が、トップダウンで財務省を押し切れるのかどうか。疑問符を排除することはできない。

中国経済の帰趨、米国金融引き締めとその後の金融市場動向、そして、日本の消費税再増税問題の最終着地の組み合わせによって、２０１６年の金融変動が規定されることになるだろう。

金融市場の多数派見解との相違点は、経済崩壊確定論と一歩距離を保つ点にある。

第4節　一億総動員計画

大資本の利益だけを追求するアベノミクス

２０１２年12月に発足した安倍政権が提示した経済政策＝アベノミクスは完全に破綻している。インフレ誘導は実現しなかったが、間違った政策だから、失敗したことは国民にとっての不幸中の幸いだ。財政政策は２０１４年度に逆噴射に転じて、アベコベノミクスになった。成長戦略こそアベノミクスの本質だが、一言で表現すれば、悪魔の政策である。

インフレ誘導が可能であるという主張は、現実によって否定された。筆者は、当初から、インフレ誘導のメカニズムが確立されていないことを指摘してきた。インフレを誘導するには、マネーストックが増大することが必要不可欠だが、マネーストックを増加させる手法が確立されていない。

また、米国議会は、日本の円安誘導政策に対する警戒感を強めている。また、ドル円レートの水準が、購買力平価よりも大幅円安に振れているため、中期的にドル円レートは円高に回帰する可能性を高めている。金融緩和政策、円安誘導、インフレ誘導は完全に行き詰まった。

アベノミクス第二の矢とされた財政政策は、政権発足当初だけは有効な矢として機能した。ところが、財政政策の方向が2014年度に180度転換を示した。その結果、日本経済を不況に逆戻りさせた。原油価格が暴落しなかったら、日本経済は深刻な不況に転落していたはずだ。

成長戦略の問題点については、第6章に詳述した。アベノミクスの柱である成長戦略とは、グローバルに活動する強欲巨大資本の利益極大化を追求する政策である。このことは、アベノミクスが、主権者の大半を占める一般労働者の不利益を追求する政策であることを意味する。

資本のリターンを高めることとは、労働のリターンを低めることと、基本的に同義なのだ。働き方の多様性、ホワイトカラー・エグゼンプションなど、目新しい言葉を使って、人々の目を幻惑するが、その本質は、労働コストの削減推進でしかない。

国家のために個人を動員する「新三本の矢」

アベノミクス三本の矢が失速してしまったのだから安倍政権は退場するべきだが、安倍政権は、新しい目くらましの政策を掲げて、政権延命を図っている。

これが「新三本の矢」であり、名目GDPの増大、出生率の引き上げ、介護離職の削減、の目標が示された。安倍政権は、これに合わせて「一億総活躍」という言葉を提示したが、その真意は「一億総動員」である。

個人のための経済政策ではなく、国家のために個人を動員する経済政策である。GDPを600兆円にすることに何の意味があるのか。しかも、統計作成方法の変更で数値がかさ上げされることを計算に入れての目標提示なのだ。

実態を伴わない机上の数字が500から600になろうと何の意味もない。介護離職をゼロにしようというなら、国の介護に対する支出を大幅に拡大する必要があるが、そのような施策は示されていない。介護の仕事に携わる人を増強するというなら、過酷な介護労働に対する処遇を大幅に引き上げる必要があるが、そのような施策も提示されていない。

GDPの安定成長を実現するには、中低所得者層の所得を増大させる政策を実行することが最も効果的である。これが中長期の日本経済の発展をもたらす日本経済復活の条件だ。これらの諸点を投資戦術上の着眼点に翻訳するなら、日本企業は目先の収益拡大という短期では買えるが、現在の経済政策が維持される以上、中長期では買えないということになる。目先の企業収益の動向を注視して投資対象を定める一方で、中長期の日本経済に対しては、極めて強い警戒感を保持することが必要である。

第5節 日本住血吸虫

国民を裏切り、壊滅した民主党

野田佳彦氏は、2009年7月14日の衆議院本会議において、麻生太郎内閣に対する不信任決議案賛成討論で、次のように述べた。

「私どもの調査によって、今年の5月に平成19年度のお金の使い方でわかったことがあります。2万5000人の国家公務員OBが、4500の法人に天下りをし、その4500法人に12兆

1000億円の血税が流れていることがわかりました。消費税5％分のお金です。これだけの税金に一言で言えばシロアリが群がっている構造があるんです。そのシロアリを退治して、働きアリの政治を実現しなければならないのです。

『渡り』も同様であります。年金が消えたり、消されたりする組織の社会保険庁の長官、トップは辞めれば多額の退職金をもらいます。6000万、7000万かもしれません。その後には、また特殊法人や、あるいは独立行政法人が用意されて、天下りすることができる。そこでまた、高い給料、高い退職金がもらえる。また一定期間行けば、また高い給料、高い退職金がもらえる。またその後も、高い給料、高い退職金がもらえる。6回渡り歩いて、退職金だけで3億円を超えた人もおりました。まさに天下りをなくし、渡りをなくしていくという国民の声にまったく応えない麻生政権は不信任に値します」

同じ野田佳彦氏が、2009年8月15日、総選挙に向けて大阪の街頭演説で、こう高らかに声を張り上げた。

「1丁目1番地、税金の無駄遣いは許さないということです。天下りを許さない。渡りを許さない。それを徹底していきたいと思います。消費税1％分は2兆5000億円です。12兆6000億円ということは、消費税5％ということです。消費税5％の皆さんの税金に天下り法人がぶら下がっている。シロアリがたかっているんです。それなのにシロアリを退治しないで、今度は消費税引き上げるんですか。消費税の税収が20兆円になるなら、またシロアリがたかるかもしれません。鳩山さんが4年間、消費税を引き上げないと言ったのは、そこなんです。シロアリを退治して、天下り法人をなくして、天下りをなくす。そこから始めなければ、消費税を引き上げる話はおかしいんです」

こう述べた野田佳彦氏が2012年、シロアリを1匹も退治しないまま、消費税率を8%に引き上げる法律を制定した。この裏切り行為により、民主党は壊滅したのである。

財政破綻の危機を叫びつつ、大資本と富裕層を優遇する財務省

弱きを挫《くじ》き、強きを扶《たす》く。中低所得者層から税をむしり取り、巨大資本と超富裕層に大減税実施なのだ。財務省は増税を推進しつつ、政府利権につながる支出だけを大幅増大させる。財務省は日本政府の借金1000兆円を決まり文句に使う。日本のGDPの2倍を超す巨額政府債務を「売り」にしている。

しかし、第1章に記述したように、日本政府は負債金額とほぼ同額の資産を保有している。純債務はゼロなのだ。借金だけが3億円ある人と、借金は3億円あるが定期預金も3億円ある人との間には、天と地以上の開きがある。

財務省は日本財政が危機だというデマを使って、庶民から税金をむしり取り、それを自分たちの利権支出に充てている。人々が抱くイメージとは正反対の大悪党である。

政府保有資産の多くの部分は将来の社会保障給付に充てなければならない。人口高齢化が進行し、社会保障支出が増加するから、純債務がゼロだからといって、将来にわたって安泰だというわけではない。しかしながら、明日にもギリシャの状況に陥るというのは、完全なるデマ、ペテンである。財政危機で無駄な国立競技場建設2550億円予算など、冗談でも出てくる余地はない。

官僚機構は官僚利権、天下り利権、そして政治屋利権には、無尽蔵、無制限に財政資金を投下する。その一方で、この資金を確保するために社会保障支出を際限なく切り込む。生活保護、年金、医療費などの「プログラム支出」は、制度によって自動的に支出が決定されるために利権化しにくく、中低所得者が受給の中心に位置する。財務省は利権になる支出は温存するが、利権にならない支出は、可能な限り、ゼロに近づけようとする。

このまま進めば、日本国民は霞が関に巣食う日本住血吸虫によって、すべての血を吸い取られ、肝硬変を発症することになる。日本経済の死が現実のものになる。

第6節 弱肉強食から共生へ

立憲主義を破壊し、弱肉強食の政策を遂行する安倍政権

しかし、日本経済に希望は残されている。政治が変われば日本が変わる。経済政策の大転換が必要だ。新しい夜明けが来るか。日本の黎明《れいめい》が待望されている。

安倍政権は特定秘密保護法を制定し、集団的自衛権行使容認の閣議決定を行い、安保法制＝戦争法制を強行制定した。

グローバル強欲巨大資本は、経済危機に乗じて一国全体を呑み込もうとする。経済危機救済の条件として、市場原理基軸、政府支出圧縮、規制撤廃、民営化のパッケージを強制する。「ショック・ドクトリン」によって国家という規模での収奪までが展開される時代になっている。

TPPの目的は、グローバルに活動する強欲巨大資本の利益を極大化させることであり、それと引き換えに日本の主権者の利益が損なわれることになる。

投資の視点においては、短期の企業利益増大と、中長期の国家の荒廃、民衆の衰退の効果を

峻別して捉えることが必要不可欠だ。

安倍政権による「戦争と弱肉強食」の政策が維持される限り、日本経済は暗黒の奈落へ転落していくことになる。短期的には企業利益が拡大し、株価が上昇する局面が生じるだろう。しかし、最終的に、経済の供給力と需要のギャップが拡大し、生産の大幅減退、株価崩落、金融波乱への突入を回避できないだろう。転落の道を回避するには、経済政策の基本路線転換が必要不可欠である。弱肉強食から共生への方向転換がどうしても必要だ。

外交政策においては、戦争推進から平和主義への回帰が必要になる。つまり、「戦争と弱肉強食」の政治を「平和と共生」の政治に変えること。その実現によって、日本は奈落への転落を回避することになる。

まずは、2016年参院選で、「平和と共生」を追求する勢力が拡大しなければならない。そして、次の総選挙、さらに2019年の参院選に三連勝しなければならない。予断を許さないが、事態を打開できる道が封じられているわけではない。

世界の地政学リスク上昇への対応

米国で2016年に大統領選が実施される。クリントン前国務長官が新大統領に選出される場合、米国政治に極端に大きなブレは生じない。しかしながら、共和党候補が大統領に就任する場合には、世界外交において、より強硬なスタンスが提示される可能性が高まる。米国を中心とする軍産複合体は、10年に一度の中規模戦争を必要不可欠としている。中東地域における戦乱の拡大を想定しておく必要がある。

世界経済最大の焦点は中国である。中国経済が大崩落すれば、世界経済が混乱に陥る。その可能性を慎重に見定めなければならない。中国の習近平主席は、このリスクを強く警戒している。その警戒が存在することは、逆に、重要な楽観要因になる。

これ以外に、各種テロといった不慮の事態発生のリスクが存在する。偶発事態が重なって、世界経済、金融が大混乱に陥るリスクも念頭に置いておかねばならない。

2016年の内外政治経済金融に、大きな問題が山積している。どこに問題が存在するのかを明確に把握したうえで、その問題がどのように変化するのかを、注意深くトレースし、想定するシナリオを随時、微修正しなければならない。短期ではなく、中長期の経済の安定と成長、そして、「戦争と弱肉強食」から「平和と共生」への基本路線の転換が見え始めるなら、日本の未来を、もう一度楽観的に捉えることが可能になるだろう。最悪を想定しつつ、楽観論実現の条件を考察し続ける対応が求められる。

会員制レポート『金利・為替・株価特報』掲載参考銘柄の掲載後３カ月内の株価上昇率一覧

掲載号	銘柄コード	銘柄	掲載時株価	3カ月内高値	高値日付	上昇率
2015/1/13	1926	ライト工	1,053	1,210	2015/1/28	14.9
	2450	一休	1,395	2,713	2015/4/13	94.5
	8001	伊藤忠	1,268.5	1,457.5	2015/4/17	14.9
2015/1/26	6273	SMC	30,765	38,190	2015/4/10	24.1
	6301	コマツ	2,594.5	2,663.0	2015/1/27	2.6
	8001	伊藤忠	1,181.0	1,488.0	2015/4/30	26.0
2015/2/16	2181	テンプHD	3,705	4,520	2015/5/21	22.0
	6506	安川電機	1,516	1,831	2015/3/20	20.8
	9934	因幡電産	3,965	4,525	2015/4/22	14.1
2015/3/2	5108	ブリヂストン	4,602.5	5,182.0	2015/5/29	12.6
	6506	安川電機	1,647	1,831	2015/3/20	11.2
	7270	富士重	4,073.0	4,827.5	2015/5/28	18.5
2015/3/16	5411	JFE	2,855.0	3,081.0	2015/6/4	7.9
	6301	コマツ	2,475.5	2,639.5	2015/5/28	6.6
	7270	富士重	4,118.0	4,827.5	2015/5/28	17.2
2015/3/30	2670	ABCマート	6,990	7,660	2015/6/23	9.6
	4543	テルモ	3,270	3,370	2015/4/13	3.1
	9843	ニトリHD	8,290	10,250	2015/6/30	23.6
2015/4/13	6301	コマツ	2,475.5	2,639.5	2015/5/28	6.6
	6506	安川電機	1,778	1,814	2015/4/14	2.0
	7475	アルビス	2,033	2,480	2015/8/5	22.0
2015/4/27	6301	コマツ	2,568.5	2,639.5	2015/5/28	2.8
	8001	伊藤忠	1,438.5	1,756.0	2015/6/24	22.1
	8316	三井住友	5,219.0	5,747.0	2015/6/1	10.1
2015/5/11	4543	テルモ	2,983	3,635	2015/8/6	21.9
	5713	住友鉱	1,810.0	2,040.0	2015/6/12	12.7
	8001	伊藤忠	1,489.5	1,756.0	2015/6/24	17.9
2015/5/25	6501	日立	848.7	856.8	2015/6/2	1.0
	7261	マツダ	2,584.0	2,749.5	2015/6/8	6.4
	9531	東瓦斯	679.1	724.9	2015/8/19	6.7

掲載号	銘柄コード	銘柄	掲載時株価	3カ月内高値	高値日付	上昇率
2015/6/15	4755	楽　　天	1,905.0	2,129.5	2015/7/21	11.8
	8179	ロイヤルＨＤ	2,121	2,433	2015/8/18	14.7
	9301	三　菱　倉	1,719	1,804	2015/7/31	4.9
2015/6/29	4543	テ　ル　モ	2,962	3,635	2015/8/6	22.7
	4755	楽　　天	2,038.5	2,129.5	2015/7/21	4.5
	9843	ニトリＨＤ	9,590	11,850	2015/8/5	23.6
2015/7/13	1928	積水ハウス	1,835.5	2,065.0	2015/10/13	12.5
	4755	楽　　天	1,991.0	2,129.5	2015/7/21	7.0
	8593	三菱ＵＦＪリース	633	686	2015/8/11	8.4
2015/7/27	2670	ＡＢＣマート	7,250	8,020	2015/8/5	10.6
	4755	楽　　天	2,047.5	2,093.5	2015/8/6	2.2
	9755	応用地質	1,606	1,689	2015/8/10	5.2
2015/8/17	4551	鳥居薬品	3,245	3,325	2015/8/10	2.5
	5108	ブリヂストン	4,333	4,620	2015/11/9	6.6
	5713	住　友　鉱	1,610.0	1,638.5	2015/8/13	1.8
2015/8/31	1883	前田道路	2,043	2,290	2015/10/26	12.1
	4551	鳥居薬品	2,964	3,075	2015/9/1	3.7
	5713	住　友　鉱	1,418.0	1,594.0	2015/10/26	12.4
2015/9/14	1883	前田道路	2,061	2,290	2015/10/26	11.1
	4543	テ　ル　モ	3,255	4,100	2015/11/19	26.0
	9843	ニトリＨＤ	9,720	10,570	2015/12/2	8.7
2015/9/28	2181	テンプＨＤ	4,955	6,075	2015/12/2	22.6
	4543	テ　ル　モ	3,175	4,100	2015/11/19	29.1
	7956	ピジョン	2,538	3,545	2015/11/24	39.7
2015/10/13	1883	前田道路	2,156	2,290	2015/10/26	6.2
	5713	住　友　鉱	1,495	1,594	2015/10/26	6.6
	6301	コ　マ　ツ	1,915.5	2,086.0	2015/12/3	8.9
2015/10/26	3003	ヒューリック	1,066	1,163	2015/10/26	9.1
	4551	鳥居薬品	2,796	2,950	2015/10/29	5.5
	5108	ブリヂストン	4,276	4,620	2015/11/9	8.0

（注）テンプＨＤの株価は株式３分割の影響調整後の株価

本シリーズ2015年版
『日本の奈落』収録注目銘柄の株価上昇率

テーマ	銘柄コード	銘柄	掲載時株価	2015年高値	高値日付	上昇率
消費税関連	1928	積水ハウス	1,267	2,162	2015/12/4	70.6
	2651	ローソン	7,310	9,890	2015/12/8	35.3
	3382	7&iHD	4,058	5,998	2015/8/6	47.8
原油価格	5002	昭和シェル	1,000	1,250	2015/7/30	20.5
ベストCP	7532	ドンキホーテHD	3,050	5,830	2015/7/24	91.1
	9843	ニトリHD	6,680	11,850	2015/8/5	77.4
	9983	ファーストリテ	37,890	61,970	2015/7/30	63.6
金融	8316	三井住友	4,120	5,770	2015/8/11	40.0
	8591	オリックス	1,390.0	2,060	2015/6/2	48.2
優良銘柄	4063	信越化学	6,704	8,310	2015/2/23	23.9
	5108	ブリヂストン	3,451	5,182	2015/5/29	50.2
	6273	SMC	28,590	39,265	2015/6/5	37.3
	6902	デンソー	4,710	6,548	2015/5/28	39.0
中国・新興国	6301	コマツ	2,369	2,686	2015/1/5	13.4
	8113	ユニ・チャーム	2,490	3,398	2015/3/10	36.5
ニュービジネス	8876	リロHD	7,180	14,980	2015/8/11	108.6
	9735	セコム	6,232	9,041	2015/4/22	45.1
不動産	3003	ヒューリック	1,072	1,456	2015/4/8	35.8

(注) ドンキホーテＨＤは株式２分割の影響調整後の表示

注目すべき株式銘柄〈2016〉

■5108 ブリヂストン

現在 4,257円
(2015/12/10)

本書2015年版で取り上げた銘柄で期待通りの成果を上げた。米利上げ観測が強まり、小幅の調整局面。押し目をしっかりと狙いたい。鉱山用タイヤは不調だが、原材料安効果で最高益を更新。押し目買いを継続。

■5802 住友電工

現在 1,660.0円
(2015/12/10)

電線首位。自動車用ワイヤハーネスで世界大手の一角。光ファイバーなど通信インフラでも高実績。海底ケーブル事業にも意欲的。米利上げの影響を警戒する必要があるが、業績推移を睨みながら押し目買い継続で対処。

■6136 OSG

現在 2,309円
(2015/12/10)

精密切削工具大手。自動車向け比率高い。配当性向も30%と高い。米中で主力の切削工具が想定超の好調。連続最高益。米利上げと中国経済減速の影響が懸念され、8月以降株価は3割の下落。世界経済注視し押し目買い。

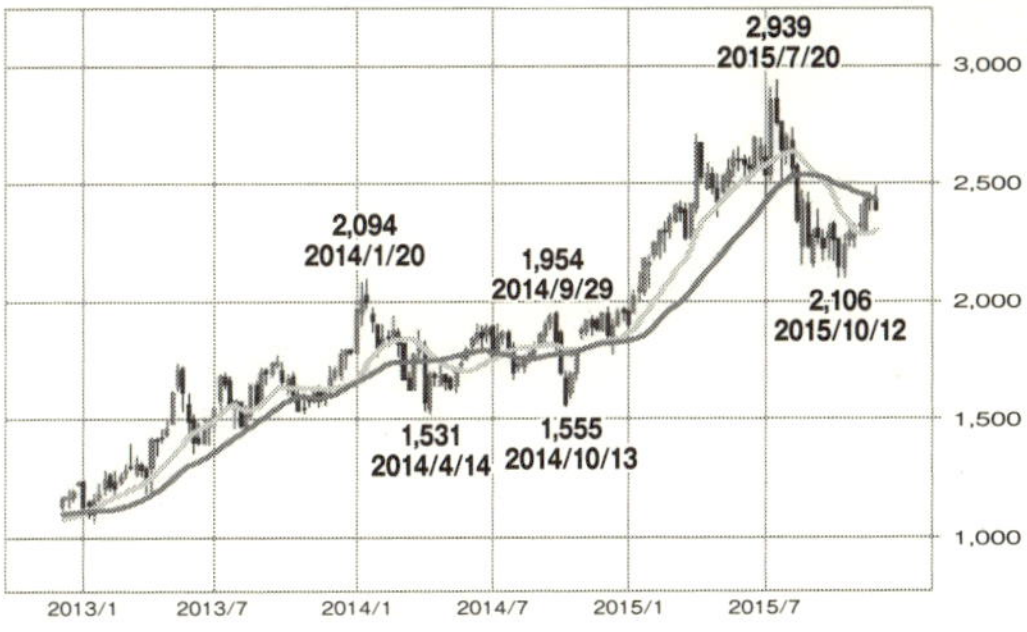

■6988 日東電工

現在 **8,580円**
(2015/12/10)

液晶用光学フィルムで成長した総合材料メーカー。北米向け車載用テープが収益を牽引。主力の液晶用偏光板はテレビ不調をスマホが補う。業績堅調で8月後の調整からの出直り局面。米国景気、株価推移を睨みながら。

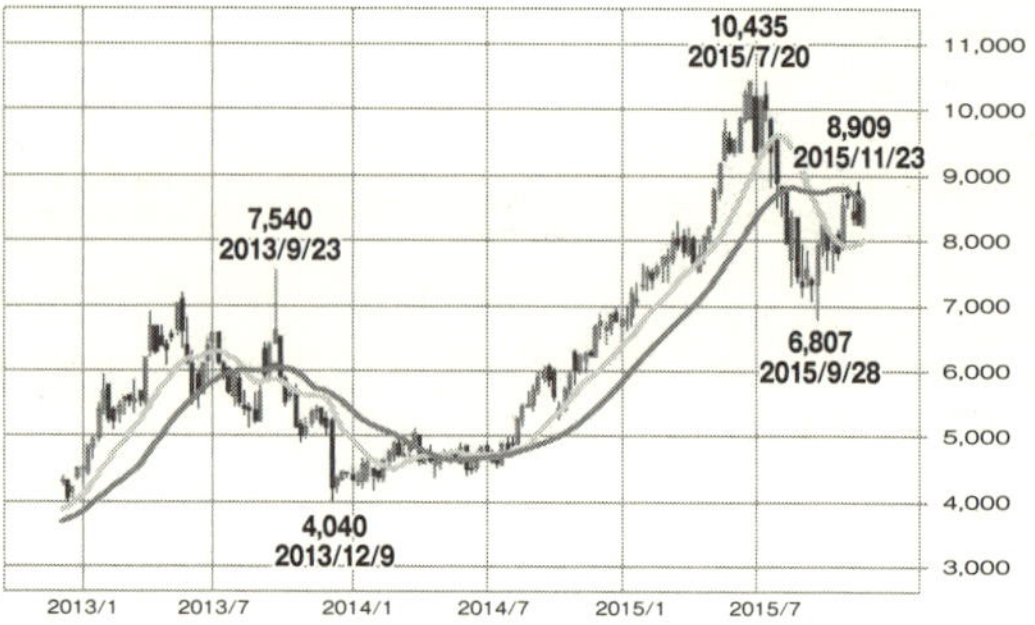

■7270 富士重工業

現在 **4,946円**
(2015/12/10)

『スバル』ブランドで知られる自動車大手。北米で主力『レガシィ』、『アウトバック』が絶好調。連続最高益。米利上げによる乗用車販売への影響を注視。中国市場の動向も重要。機敏に対処する必要あり。

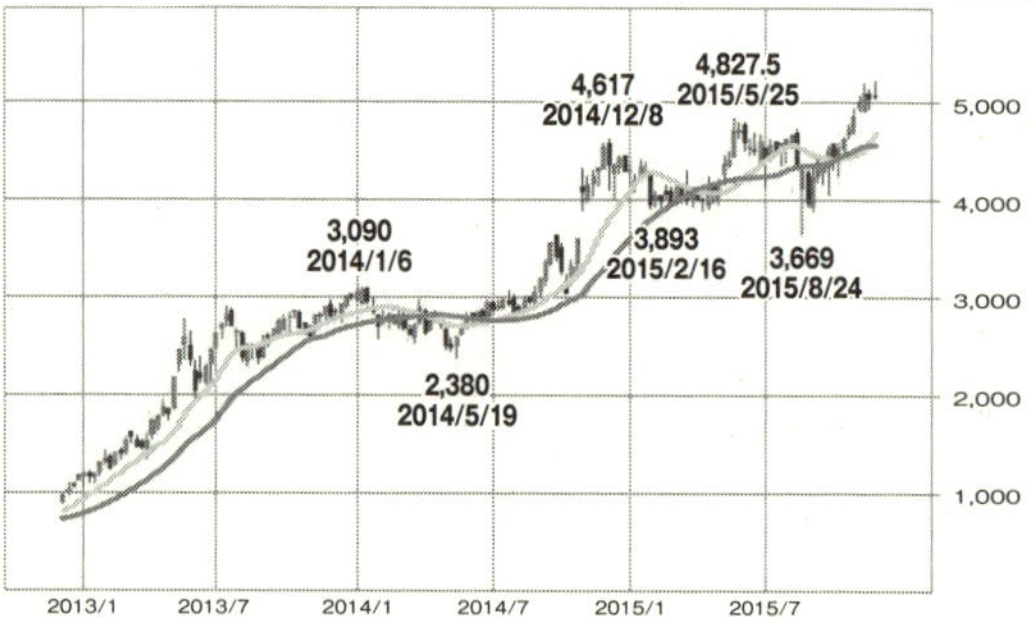

■7309 シマノ

現在 **18,080円**
(2015/12/10)

変速機、ブレーキ部品など自転車部品で世界首位。釣り具も展開する。海外比率高い。欧米の高級スポーツ需要が業績を牽引。4期連続最高益。今後の為替動向に警戒必要。株価は押し目を形成中で、押し目を慎重に狙う。

業績堅調

■1605 国際帝国石油

現在 1,177.5円
(2015/12/10)

原油・ガス開発生産の国内最大手。2008年に国際石油開発と帝国石油が経営統合して発足。原油価格下落に伴う販価下落で業績が大幅悪化。業績発表時の株価には要警戒。再度の押し目形成での底値を狙いたい。

■5713 住友鉱

現在 1,385.0円
(2015/12/10)

非鉄金属と電子材料が主力。資源開発、製錬に重点投資している。ニッケル、銅の市況悪化が業績を直撃し、8月以降の中国警戒論で株価は下押し。下値不安は残存しており、慎重に逆張りのタイミングを窺う。

■6301 コマツ

現在 1,975.5円
(2015/12/10)

世界2位の建設機械メーカー。中国を含むアジアでの展開が大きい。資源市況の急落と中国経済の悪化の影響が業績を直撃。株価も軟調地合いを継続。慎重に底値を模索する段階に差し掛かる。押し目買い利益確定を継続。

逆張り

■8801 三井不動産

現在 3067.0円
(2015/12/10)

チャイナショックを契機に不動産市況は暗転。またマンション基礎工事のデータ改竄問題で株価は調整している。今後、円高・低金利環境が生まれるなら不動産セクターが見直される可能性は高い。押し目買い吹き値売り。

■9531 東瓦斯

現在 586.0円
(2015/12/10)

都市ガス最大手。高気温で都市ガス販売量が低迷。工業用も発電需要が低迷し、業績悪化が継続した。株価は2015年4月以来、調整局面を続けるが、原料安の効果で減益幅に縮小の兆し。押し目買い好機接近か。

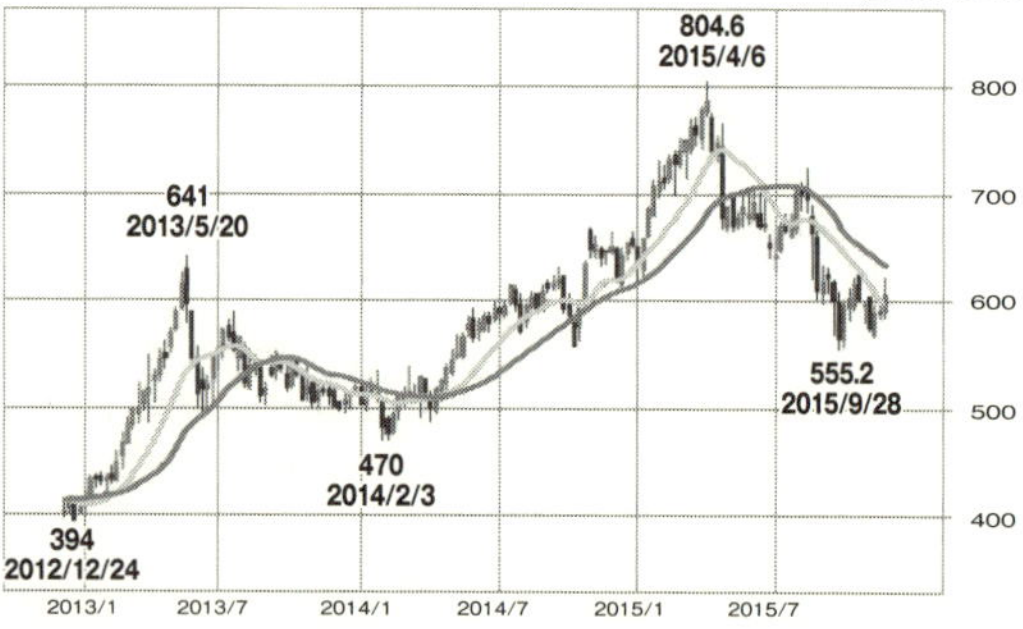

成長株

■4732 USS

現在 1,889円
(2015/12/10)

中古車オークション会場運営で首位。オークション大規模会場改装効果で出品数拡大。連続5期最高益更新。業績堅調だが、伸び率の低下傾向を否めず、株価は調整局面入り。底値模索の局面が接近中で慎重に押し目狙う。

成長株

■8876 リロHD

現在 **12,600円**
(2015/12/10)

企業福利厚生の総合アウトソーサー。留守宅管理と福利厚生運営代行会社を持つ。本シリーズ2015年版収録銘柄。株価は2倍水準を達成。8月調整局面で下落したが、出直りも早い。目先の押し目買いチャンスを捉える。

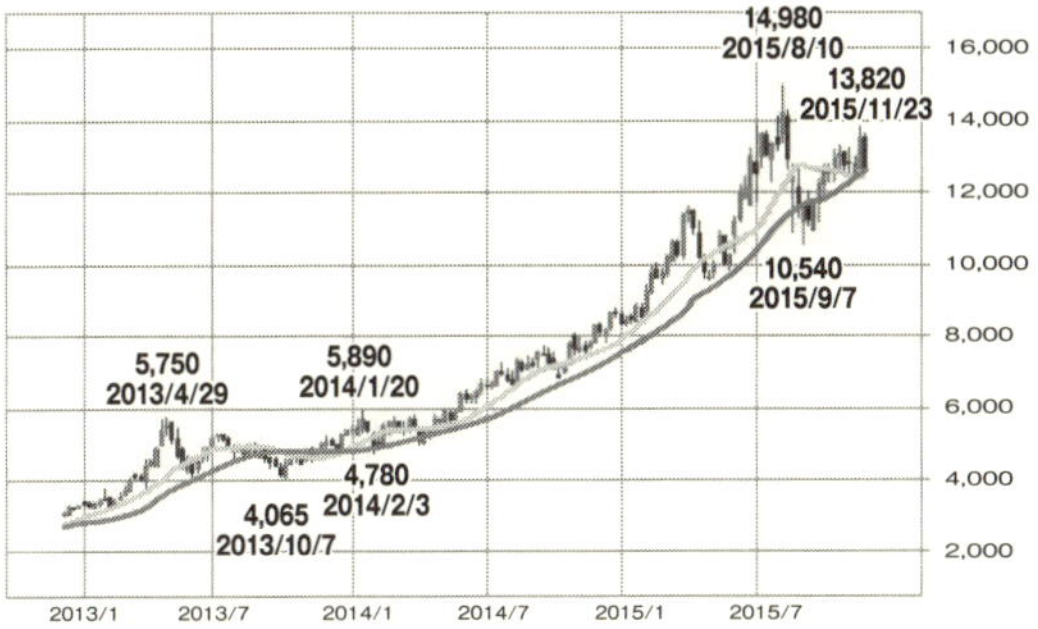

■9843 ニトリHD

現在 **10,160円**
(2015/12/10)

家具・インテリア製造小売りチェーンの全国トップ。海外に自社工場を持ち、開発輸入品が8割。本シリーズ2015年版収録銘柄。円安下でも好業績を堅持。業容拡大を志向しており、今後の為替円高反転への期待大。

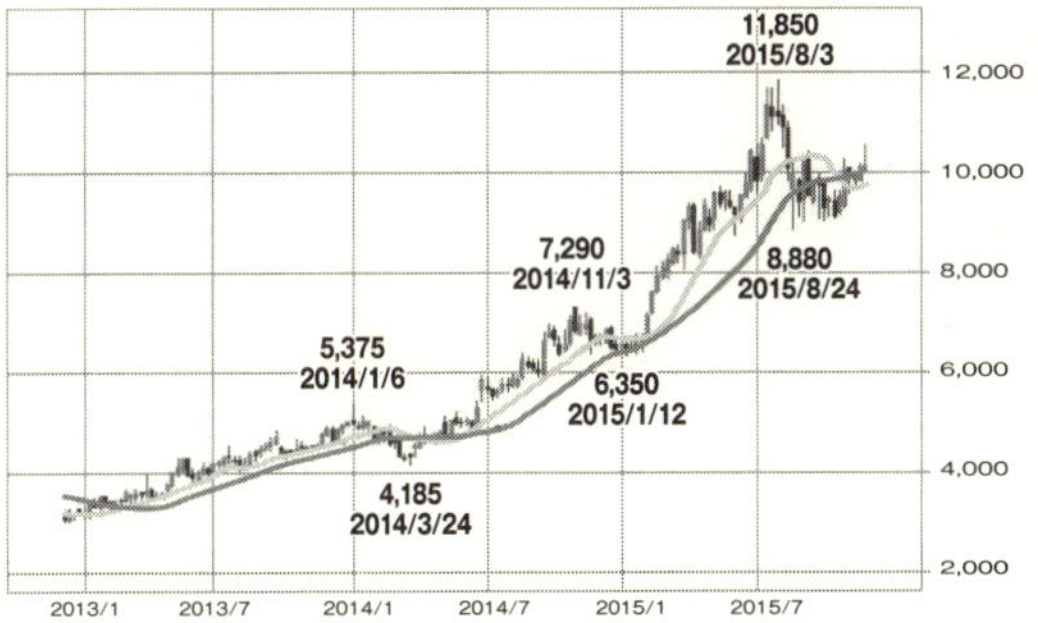

成長株押し目

■4755 楽天

現在 **1,476.5円**
(2015/12/10)

ネット通販最大手。金融、旅行など総合路線を推し進める。人件費増、本社移転費用を吸収して連続最高益達成。株価は2015年4月以降、長期調整。大型増資による利益希薄化懸念も影響。底値模索の局面接近中か。

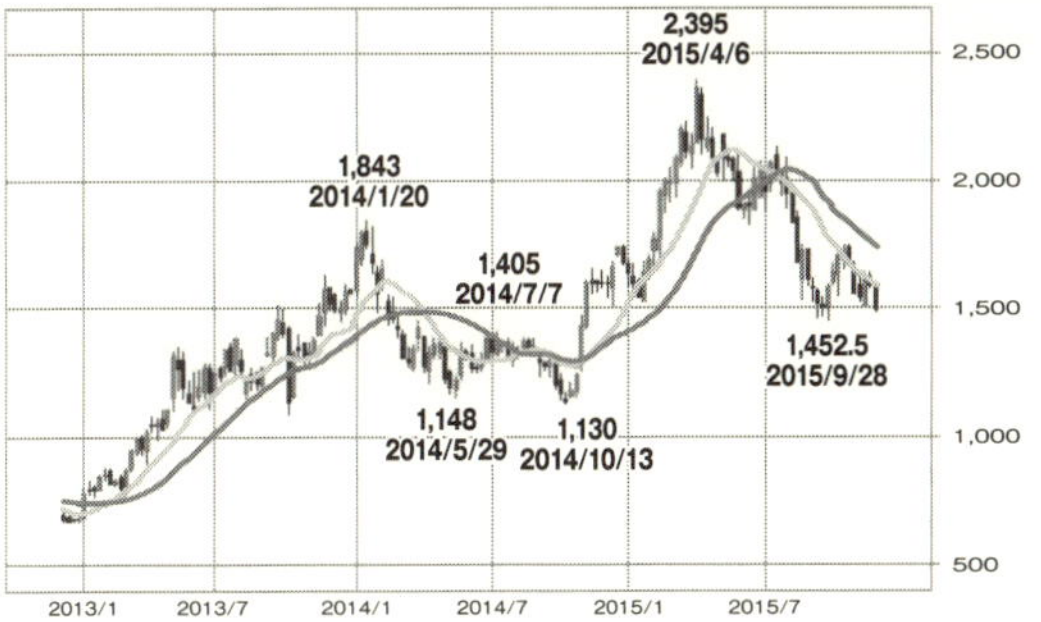

■4188 三菱ケミカル

現在 **765.1円**
(2015/12/10)

三菱系の総合化学持株会社。傘下に三菱化学、田辺三菱製薬、三菱樹脂。三菱レイヨン。医薬が底堅く、エンプラも好調。基礎化学品を中心に原料安効果も大で業績は堅調。CNFや酸化チタン光触媒への関心も高まる。

■4202 ダイセル

現在 **1,772円**
(2015/12/10)

セルロイド産業統合で発足。富士フイルムとの関係が深い。円安と原料安効果で営業益拡大。米国DNA精製事業社買収。株価は高値追いになるため、押し目を狙う。美肌効果や抗酸化作用が期待されるエクオールにも注目。

■3407 旭化成

現在 **797.6円**
(2015/12/10)

1922年創業の総合化学企業。化成品、繊維、住宅、建材、電子部材、医薬など多角的な事業展開に特徴。収益主力の住宅事業の子会社データ改竄で株価急落。収益への影響未確定だが株価は底値を形成中。押し目を狙う。

優良株押し目

■3861 王子HD

現在 498円
(2015/12/10)

製紙国内首位。アジア、南米などの成長市場への展開を拡大。の事業拡大。収益伸び悩み傾向が強まり、株価は押し目を形成中。世界経済の改善傾向が明確になれば株価は復調の可能性が高い。押し目の深さを慎重に見極めて。

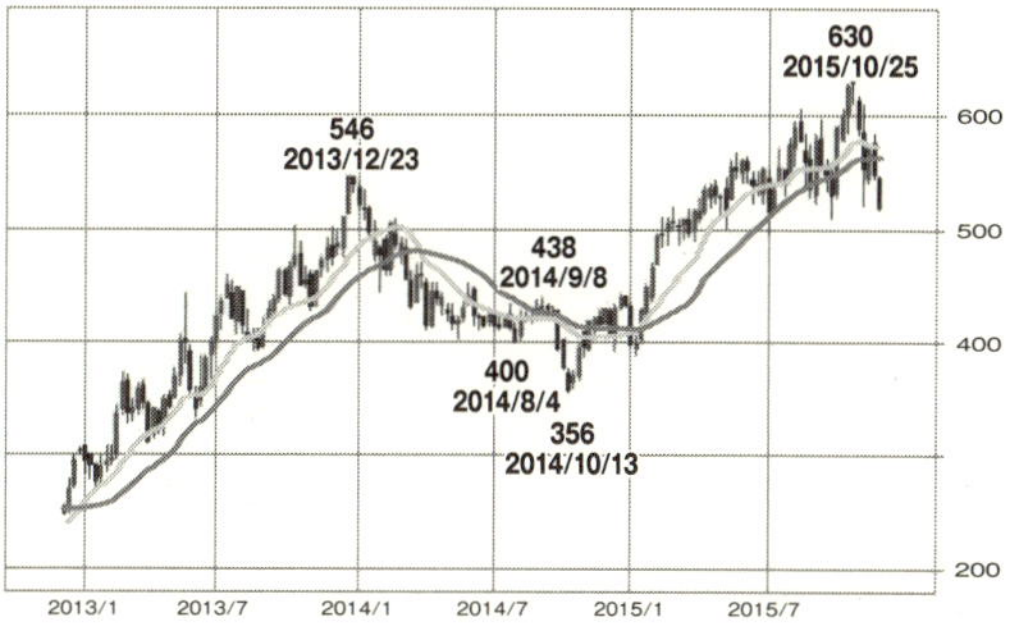

■7751 キヤノン

現在 3,668円
(2015/12/10)

カメラ、事務機器の世界大手企業。カメラ市場は停滞だが、主力のカラーコピー機が拡大。株価は業績伸び悩みを反映して4月以降の調整局面にあるが、押し目買いのチャンスが接近しつつある。為替動向を睨んで機敏に。

金融

■8306 三菱UFJ

現在 779.5円
(2015/12/10)

国内最大の民間金融グループ。銀行、信託、証券、カード等多角的に事業展開。国内預貸収支の悪化が続くが、株価上昇による利益、手数料収入拡大などで減益幅縮小。株価全体の推移が銀行株価に強く影響する点に着目。

あとがき

株式市場は情報の集積場である。経済統計は人為によって創作されるバーチャルな変数だが、株価は多数の市場参加者の行動によって形成されるリアルな変数である。その決定には、無数の情報、奥深い情報が関与する。著名人も有識者も関係ない。リアルな現実、リアルな情報が折り重なって株価が決定される。これは、為替レート、債券価格についてもあてはまる。

金利・為替・株価は、この意味で一般の経済指標とはまったく異なる属性を有するのである。その動向を洞察するには、経済金融情勢を正しく判断することはもちろん、それを取り巻く、グローバルな政治社会情勢の正確な把握が必要不可欠である。さらに、市場独自の、循環変動メカニズムについての造詣も求められる。

2015年の市場変動を振り返って見ても、市場変動が順風に支えられた時間は限られた。思わぬ突風が、思いもかけぬ方向から吹き抜けて、混乱に見舞われた投資家が少なくなかったことだろう。会員制TRIレポート、そして、この年次版TRIレポートを、激動の現代金融市場変動を洞察するための道しるべとして大いに活用いただきたい。

現実の投資行動において優良なパフォーマンスを獲得するには、政治経済金融情勢を的確に洞察できるだけでは不十分である。投資の成果は「買い」と「売り」とを適切に組み合わせることが必要不可欠である。この点について、本シリーズは「最強・常勝五カ条の極意」として究極のエッセンスを開示している。実際の投資活動をされている読者はこの章を熟読した上で年次版および会員制のTRIレポートを活用していただきたいと思う。

本書において2016年を展望する重要な視点を概観したが、情勢は日々刻々と変化する。フォローアップは会員制レポート『金利・為替・株価特報』が担う。国内では7月衆参同日選の思惑も揺れ動く。2017年の消費税10%を強行するのかどうかは、日本経済の命運に直結する。米国大統領選はFRBの政策運営にも影響を与える。米国軍産複合体と複雑な中東情勢との絡み合いも読み抜かねばならない。本書を情勢判断の一助にしていただきたく思う。

本書の読者各位、ならびにビジネス社岩谷健一編集長に深く感謝の意を表したい。

2015年12月14日

植草一秀

著者略歴
植草一秀（うえくさ・かずひで）
1960年、東京都生まれ。東京大学経済学部卒。大蔵事務官、京都大学助教授、米スタンフォード大学フーバー研究所客員フェロー、早稲田大学大学院教授などを経て、現在、スリーネーションズリサーチ株式会社＝TRI代表取締役。金融市場の最前線でエコノミストとして活躍後、金融論・経済政策論および政治経済学の研究に移行。現在は会員制のTRIレポート『金利・為替・株価特報』を発行し、内外政治経済金融市場分析を提示。政治情勢および金融市場予測の精度の高さで高い評価を得ている。また、政治ブログおよびメルマガ「植草一秀の『知られざる真実』」で多数の読者を獲得している。
1998年日本経済新聞社アナリストランキング・エコノミスト部門第1位。2002年度第23回石橋湛山賞（『現代日本経済政策論』岩波書店）受賞。『金利・為替・株価の政治経済学』（岩波書店）、『日本の総決算』（講談社）、『ウエクサレポート』（市井出版）、『知られざる真実－勾留地にて－』（明月堂書店）、『日本の独立』『消費増税亡国論』（飛鳥新社）、『日本の再生』（青志社）、『国家は有罪（えんざい）をこうして創る』(祥伝社)、『消費税増税「乱」は終わらない』（同時代社）、『アベノリスク』（講談社）、『日本の真実』（飛鳥新社）、『日本経済撃墜』『日本の奈落』（ビジネス社）ほか著書多数。
TRIレポートについては下記URLを参照のこと。
スリーネーションズリサーチ株式会社
HP　http://www.uekusa-tri.co.jp/index.html
E-mail　info@uekusa-tri.co.jp
メルマガ版「植草一秀の『知られざる真実』」
http://foomii.com/00050

日本経済復活の条件　金融大動乱時代を勝ち抜く極意

2016年1月15日　第1刷発行

著　者　植草一秀
発行者　唐津　隆
発行所　株式会社ビジネス社
〒162-0805　東京都新宿区矢来町114番地 神楽坂高橋ビル5階
電話　03（5227）1602　FAX　03（5227）1603
http://www.business-sha.co.jp

〈カバーデザイン〉大谷昌稔　〈本文組版〉エムアンドケイ
〈印刷・製本〉大日本印刷株式会社
〈編集担当〉岩谷健一　〈営業担当〉山口健志

ISBN978-4-8284-1862-9